JN036892

QC検定3級

最短合格テキスト

平本きみのぶ—著

**出題傾向と合格者の
アンケートデータに
基づいた勉強方法を
徹底分析！**

◉合格する勉強方法がわかる！
◉対話形式でわかりやすく解説！
◉理解に役立つ
　グラフや図表の例を多数収録！
◉これで迷わない
　計算方法を懇切丁寧に解説！

技術評論社

はじめに

「QC検定3級を受検するように上司から言われたけど、正直めんどくさい」
「自分の好きなことに時間を使いたいから、効率よく学習して1回で合格したい」
「QC検定3級なんて何の役に立つのかな」

本書はこのような人のために執筆しました。

QC検定は品質管理の知識レベルを測る試験です。もちろん「自分の知識レベルを資格として認定してもらいたい」とポジティブに受検する方もいると思います。一方でQC検定3級は製造業を中心とした多くの企業で推進されているため、会社や上司から勧められて仕方なく受検する方もみえるのではないでしょうか？　というのも筆者自身がまさしく、そのタイプでした。

まず自己紹介をさせていただきます。私は国内メーカーの社内講師および社外講師としてQCを教えている平本と申します。以前は工場の生産技術者として常に生産準備や品質不具合対応に追われていました。残業や休日出勤に苦しむ中、会社指示で受検することになったQC検定。「なぜこんなものを受けないといけないのか」「職場では誰も活用していないのに」。不満ばかりが溜まる中、とりあえず受検し、なんとか取得しましたが、しばらくは役に立たず。

そんな折にある先生のQC実践指導を受けることになりました。はじめは嫌々でしたが、データを用いて仕事を進めると、勘コツで語る上司や先輩を抑えて自分のペースで仕事ができること。そして統計的に品質を管理することで手戻りがなく、効率的に仕事が進むことに気づきました。

そこからは「QCを極めて、昔の自分のような人にQCの良さを知ってもらいたい」とQC検定1級を取得し、講師をする傍ら、副業としてブログでQCに関する情報を発信したところ、本書を執筆する機会をいただきました。

本書には筆者自身がQC検定を受検した際や、指導をする中で身につけたノウハウやテクニックを全て記載しています。私の知識と経験が皆さんの勉強の役に立つことを願っています。そしてもし可能であれば合格した後も職場の業務に役立てていただき、皆さんのお仕事が少しでも楽になれば幸いです。

謝辞：本書出版にあたり、終始丁寧にサポートしてくださった技術評論社の遠藤利幸様。イラストレーターの和田あゆ子様。そして育児と家事で大変な中でも支えてくれた妻と、いつも笑顔をくれる娘に心から感謝します。

2023年4月　平本 きみのぶ

目次

第3章　管理の方法を学ぼう！　　51

第4章　QC的ものの見方・考え方を知ろう！　　65

目　次

第9章 新QC七つ道具で言語データを整理しよう！

229

第10章 統計的方法の基礎を学ぼう！　　249

付録　　269

■追加情報・補足情報・正誤表などについて

　本書の追加情報・補足情報・正誤表などについては、弊社のサポートページまたは著者サポートページからご覧ください。

●技術評論社のサポートページ

https://gihyo.jp/book/2023/978-4-297-13474-7/support

●著者のサポートページ

https://no3good.com/qctext-support/

第1章

QC検定3級に最短合格する ための学習方法

重要度 ★★★★★

登場人物紹介

あきら君
25歳
理系大学卒業　入社3年目
自動車メーカー勤務
モーターの設計業務を担当
趣味はゲームとアニメを見ること

学生時代から好きだった自動車の開発に携わりたくて入社。
しかし上司や先輩に言われた仕事をひたすらこなすだけの毎日。
新製品の設計に携わる傍ら、生産現場で既存製品の品質問題が起きると、
現場から呼び出されて仕事がこなせなくなることもしばしば。
そんな中、上司に言われて品質管理検定（QC検定）3級を受検することに。
日々忙しい中で、「何で受検する必要があるのか？」と後ろ向き。

平本きみのぶ
30代後半
理系大学卒業
製造業メーカーに勤務する現役技術者
好きな食べ物は納豆とコーヒー

入社後、生産技術者として工場に10年間勤務。
勘コツで語る上司・先輩に苦しむ中、データで語るQC手法と出会い惚れ
込む。
現場でQCを実践しながらQC検定1級を取得。
現在はQC手法を教える講師として人材育成を5年間担当。

1-1　QC検定3級の試験概要

この第1章ではQC検定3級に最短合格するための学習方法について解説するよ。いきなりこの第1章に自分のノウハウをすべて詰め込むつもりだから、よーく聞いてね。

またまた、大げさだな～　学習方法なんてどんな試験でも変わらないでしょ？
とにかく参考書を読み込んで、演習問題をひたすら解いて、仕上げに過去問で習得度を確認するって感じじゃないの？

いやいや、「QC検定3級はどんな試験なのか」「合格者はどう勉強したのか」「効率よく勉強する方法」「過去の出題傾向」などを知って学習することは、とても大きな差になるよ。
やみくもに学習を始めても時間がかかるだけ。まずノウハウを知って、スタートすることが大切なんだ。

まぁ、それは僕も無駄な勉強はしたくないよ。「できたらさっさと合格して自分の好きなことに時間を使いたい」ってのが本音のところ。
ちょうど次回の試験後に新作ゲームが発売されるんだよね。

そうそう。無駄な試験勉強をするより、自分の好きなことや、職場での品質管理の実践に時間を使って欲しいからね。「まずはどんな試験なのか」を知ってもらうために、QC検定3級の試験概要から説明しようか。

> まずは試験概要を知ることからね。
> ゲームで言えば「倒すべき敵の情報を集めるところから」ってことかな。よろしくお願いしまーす。

(1) QC検定3級の試験方式

　まず初めにQC検定3級の試験方式について説明します。表1.1は日本規格協会のホームページから、2023年4月時点の試験方式に関する情報を抜粋したものです。

▼表1.1　QC検定3級の試験方式

試験時間	90分
解答方式	マークシート式
問題数	約100問（各回にて若干変動）
持ち込みできる物	受検票、黒鉛筆・シャープペンシル、消しゴム、電卓[※1]、時計[※2]
受検資格	特になし
合格基準	出題を手法分野・実践分野に分類し、各分野の得点が概ね50%以上であること。および、総合得点が概ね70%以上であること。

※1　√(ルート)付の一般電卓に限る
※2　スマートウォッチ不可

　表1.1に示したようにQC検定3級は90分間で約100問に解答する必要があります。単純計算で1問あたり1分未満。もちろん問題ごとに解答にかかる時間はさまざまですが、あまり1問に時間をかけている余裕はありません。

　また、合格基準は手法分野と実践分野にて各分野が概ね50%以上、総合得点が概ね70%以上です。つまりどちらか片方だけではなく、ある程度のバランスは必要です。ただ逆にいえば「得意な分野で得点を稼げば、苦手な分野は半分得点できれば良い」とも考えられます。実は得点しやすい分野があるので、そこで確実に点数を稼ぐことが重要です。これについては後ほど詳しく説明します。

　なお試験に関する情報は変更される可能性があるので、試験前には必ず日本規格協会のホームページ（https://webdesk.jsa.or.jp）から最新の情報を確認してください。

（2）QC検定3級のレベルと試験範囲

　次はQC検定3級のレベルと試験範囲について説明します。日本規格協会のホームページには、各級の「認定する知識と能力のレベル」「対象となる人材像」「試験範囲」をまとめた、品質管理検定レベル表が掲載されています。

　著作権の関係で品質管理検定レベル表を本書に掲載することはできないため、以下にURLとアクセス用のQRコードを示します。各自で必ず内容を確認してください。

参考	**品質管理検定レベル表**

https://webdesk.jsa.or.jp/common/W10K0500/index/qc
/qc_level/

　品質管理検定レベル表における3級の項目、特に表の右側の「試験範囲」に注目してください。「品質管理の実践」と「品質管理の手法」の2分野に分かれているのが確認できます。合格基準に書かれている「出題を手法分野・実践分野に分類し、各分野の得点が概ね50％以上」というのは「この2分野の得点をそれぞれ50％以上とりなさい」ということです。

　一見すると手法分野は項目が少なく見えますが、計算があるため解答に時間がかかり、合格者の得点が低い傾向にあるのが手法分野です。逆に実践分野は項目が多いですが、計算がなく短時間で解答でき、合格者の得点率が高い傾向にあります。

　また、実践分野の多くの項目には【言葉として】という表記があります。これは「言葉として知っている程度のレベル」という意味です。本書では【言葉として】の表記がある項目は用語解説だけに留めることで、それ以外の重要項目を重点的に学習できるようにしています。

1-2　合格者へのアンケート結果

QC検定3級の概要は理解できたよ。試験範囲が広くて嫌になるけど、だいたい何時間くらい勉強したら合格できるのかな？
できたら必要最低限の勉強時間で合格したいんだけど。

合格までの勉強時間は、スタート時点の知識量や、実務経験などで変わるから一概にはいえないんだ。
ただ何か目安が欲しい気持ちはわかるから、合格者30名へのアンケート結果を紹介するね。
これを集めるのはとても苦労したけど、その分、役に立つ情報だと思うよ。

合格者へのアンケート結果？
それはちょっと興味深い情報かも。実際に合格した人のデータなら参考になりそう。
でも、どうやって集めたの？
先生の教え子に偏ったデータではないの？

SNS上でQC検定3級の合格を報告している人にお願いして、アンケートに回答してもらったんだ。だから自分が教えた人は含まれていないよ。
こういった合格者へのアンケート結果を掲載しているテキストは見たことがないから貴重な情報のはず。回答してくれた人の年代や業種などのデータもあるから、それぞれ紹介するね。

（1）アンケート回答者の属性

　まず初めにアンケートに回答してくれた30名の属性を紹介します。図1.1は「回答者の年代」、図1.2は「回答者の業種」を示したパレート図です。どちらも左縦軸は度数（人数）、右縦軸は累積パーセント（割合）となっています。パレー

ト図についての詳細は「第8章 QC七つ道具で数値データを解析しよう！」にて説明していますので、そちらをご覧ください。

▼**図1.1　アンケート回答者の年代**

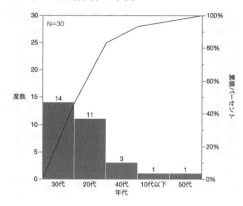

（解析ソフト：JMP17）

▼**図1.2　アンケート回答者の業種**

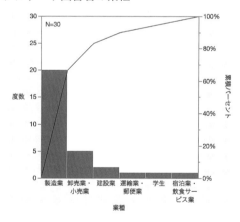

（解析ソフト：JMP17）

　まず年代については20代、30代の回答者が全体の80％以上を占めています。これは日本規格協会が発表している品質管理検定（QC検定）「実施概要報告」の「3級合格者の年齢構成」の傾向とも合っているので、ある程度は信頼できるアンケート結果といえます。

　また業種については全体の60％以上が製造業という結果になりました。日本規格協会から合格者の業種についての情報は公開されていないため、照合することはできませんが、QC検定は品質管理の知識を問う試験なので、ものづくりに携わる製造業の方が多く受検していることは実状とかけ離れてはいないでしょう。

（2）合格者の勉強時間

　図1.3は合格者の勉強時間をヒストグラムにしたものです。勉強時間の最小値は5時間、最大値は180時間とかなりのばらつきがあります。しかし180時間というデータはその他のデータ群から大きく離れているので、外れ値とみなした方が良いでしょう。

▼図1.3　合格者の勉強時間

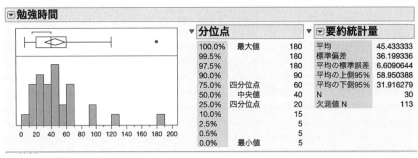

（解析ソフト：JMP17）

　平均値は約45時間ですが、平均値は外れ値の影響を受けやすい特性があります。ですので外れ値の影響を受けにくい中央値の40時間を中心と見るほうが良いでしょう。

　他テキストの中には「短時間で合格！」とうたうものもありますが、客観的なデータから判断すれば、合格者の勉強時間の中央値40時間を目安として学習スケジュールを立てるのが無難といえます。

　ただし、合格までの勉強時間は、スタート時点の知識量や、実務経験などで変わるので、万人に当てはまるものではない点にはご注意ください。もちろん合格を保証するものでもありません。

　なお合格者へのアンケート調査は継続して集計中です。最新の集計結果は読者サポートページ（https://no3good.com/qctext-support/）をご覧ください。

1-3 最短合格するための学習方法

QC検定3級における勉強時間の目安が理解できたよ。
中央値で40時間ってことは、それなりに準備して臨まないと合格は難しそうだね。
他のアンケートデータはないの？

もちろんまだあるよ。
合格者の勉強方法や、得意分野・苦手分野の集計結果とかね。気になる？

気になるよ！
もったいぶらずに早く教えて！

ごめんごめん。
残りは自分がおすすめする勉強方法を話す中で紹介するから。
ここからの内容がとても大事だからしっかり聞いてね。

(1) 最短合格するための学習方法

　私が考えるQC検定3級を最短合格するための学習方法ですが、いきなり結論を書くと、「過去問を最大限に活用しながらたくさん解くこと」です。

　「過去問を解くなんて、そんなの当たり前だろ！」という声が聞こえてきそうですね。

　でも、あなたは「過去問は最後の仕上げに1回分だけ解こう」とか「テキストの演習問題だけ解けば大丈夫」と思っていませんか？

　ここで少し出版の裏側をお話しすると、QC検定の過去問は掲載許可がおりないため、多くの問題集やテキストに掲載されている演習問題は、その書籍のオリジナル問題です。そしてそれらの多くが（本書も含めて）ある一つの単元・分野に関する問題となっています。

　一方で実際のQC検定3級の問題は職場での実践を模擬した問題や、いくつかの単元・分野にまたがり作られた複合問題を含みます。例を挙げると「問題解決型QCストーリーにて、パレート図で現状把握を行い、新QC七つ道具で要因解析を行う問題」などです。

　実際のデータで確認してみましょう。以下の表1.2は第25回QC検定3級の問題番号と出題分野の関係をマトリックス（表）形式で示したものです。これをみると1問（1列）で複数の分野に●が付いていることが分かると思います。つまり複合問題が含まれているということです。

　なお私が独自で調査した過去12回分の出題分野マトリックスは、巻末に掲載していますので、そちらも参考にしてください。

▼表1.2　出題分野マトリックス（一部抜粋）

開催回			第25回																
	問題番号		問1	問2	問3	問4	問5	問6	問7	問8	問9	問10	問11	問12	問13	問14	問15	問16	問17
章番号	章タイトル	問題数	4	6	6	5	5	7	8	4	6	9	10	11	5	5	8	5	8
第2章	品質って何か考えてみよう！	品質の概念																	
第3章	管理の方法を学ぼう！	管理の方法												●	●				
第4章	QC的ものの見方・考え方を知ろう！	QC的ものの見方・考え方							●			●	●						
第5章	品質保証の仕組みを知ろう！	新製品開発															●		
		プロセス保障										●				●			
第6章	全員参加で品質経営をしよう！	方針管理																	
		日常管理																●	
		小集団活動													●			●	
		標準化・人材育成・その他										●							
第7章	データの取り方・まとめ方を知ろう！	データの種類																	
		データの変換																	
		母集団とサンプル																	
		サンプリングと誤差	●																
		基本統計量とグラフ		●															
第8章	QC七つ道具で数値データを解析しよう！	パレート図					●		●										
		特性要因図					●										●		
		チェックシート					●			●									
		ヒストグラム					●												
		散布図					●		●								●		
		グラフ							●					●					
		層別					●												
		管理図						●	●										
		工程能力指数																	
		相関分析・相関係数								●									
第9章	新QC七つ道具で言語データを整理しよう！	親和図法									●			●					
		連関図法									●			●					
		系統図法									●								
		マトリックス図法																	
		アローダイアグラム法																	
		PDPC法								●									
		マトリックス・データ解析法																	
第10章	統計的方法の基礎を学ぼう！	正規分布																	
		二項分布			●														

※過去12回分の調査結果は巻末に掲載

　話を戻すと、QC検定3級を最短合格するためには、過去問をたくさん解いて、上記に示したような複合問題への対応力を身に着けることが重要です。過去問を繰り返し解けば、問題の出題傾向、時間的余裕の有無、自分の弱点を知るこ

ともできます。演習問題を解くよりも、まずは過去問を解くこと。なぜならそれが実際に出題された問題だからです。

（2）合格者アンケートからもわかる過去問の重要性

　合格者へのアンケート結果を見ても、多くの合格者が過去問を使って学習しています。図1.4は過去問を使用した人の割合を示したグラフです。実に83％の合格者が過去問を使って学習したと回答しています。

▼図1.4　過去問を使用した合格者の割合

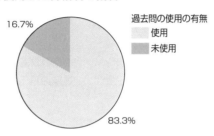

（解析ソフト：JMP17）

　また合格者に対し「過去問を解くことはどれくらい大切だと思いますか？」「テキストの演習問題を解くことはどれくらい大切だと思いますか？」という二つの質問をして、評価を「1：まったく大切ではない〜7：非常に大切だ」の7段階で行ってもらいました。それぞれの結果を図1.5、図1.6に示します。

▼図1.5　過去問の重要度

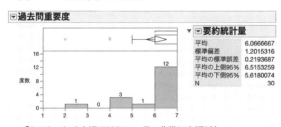

「1：まったく大切ではない〜7：非常に大切だ」

（解析ソフト：JMP17）

▼図1.6　テキストの演習問題の重要度

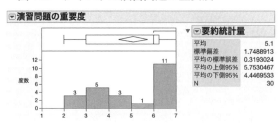

「1：まったく大切ではない〜7：非常に大切だ」

（解析ソフト：JMP17）

過去問の重要度は平均6.07点、一方で演習問題の重要度は平均5.10点。合格者のアンケートも演習問題よりも過去問の重要度のほうが高いという結果となりました。

(3) 本書のコンセプト

ただ、過去問が重要だからといって、過去問にいきなり挑戦するのは無謀というもの。過去問に取り掛かるにも最低限の知識が必要です。

なので本書は『本書＋日本規格協会発行の「過去問題で学ぶQC検定3級」（過去問題集）を使用して学習する』という方針に基づき、「どれだけ短時間で効率的に"過去問に取り掛かるための最低限の知識"を身に付けるか」を考えて執筆しました。

「この1冊で合格！」ではなく、「本書と過去問をセットで使う」ことで最大限の効果が発揮され、最短合格につながります。過去問を活かすも殺すもあなた次第。次節からは本書を使いながら、過去問を最大限に活用する具体的な学習手順を解説します。

1-4　具体的な学習手順

過去問を最大限に活用する学習方法か〜
まぁ過去問は実際に出題された問題だから、それを最大限に活用して学習しようって理屈はわかるよ。

それにしても過去問とセットで使う前提のテキストなんて初めて聞いたよ。演習問題だけではだめなの？

さっきも言ったけどQC検定3級の試験問題は、職場での実践を模擬した問題が多くて、バリエーションがさまざま。中には複数の手法・分野を複合した問題などもあるから、基本的な演習問題だけではカバーしきれない可能性が高いんだよ。

手法・分野を組み合わせた複合問題か…
それなら確かに、実際に出題された過去問を優先するのは有効かもね。
じゃあ具体的にどんな手順で学習を進めたらいいの？

過去問で効率良く学習を進めるためには重要なポイントがいくつかあるんだ。
学習の手順と、各手順での重要ポイントをこれから説明するね。

　私が自身の受検経験と、多くの受検者に指導を行う中で考えた、QC検定3級に最短合格するための勉強方法は以下の手順です。

手順1：テキスト（本書）を一通り読む。
手順2：過去問の解答一覧（基準解答）だけを残し、解説部分を切り取って封印する。
手順3：過去問を本番通りの時間で解く（1回目）
手順4：解答一覧（基準解答）を使い、採点する（絶対に解説は見ない！）
手順5：間違えた所はテキスト（本書）から調べて、自力で答えを導く。
手順6：別の回の過去問で手順2〜5を繰り返す。

▼図1.7　学習の手順

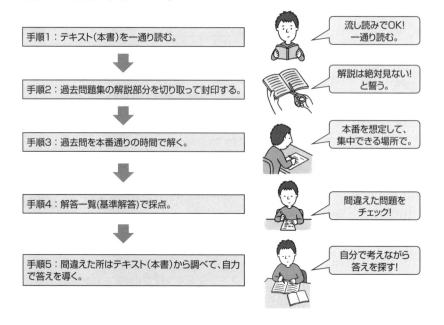

各ステップごとに重要なポイントがありますので、順番に説明します。

■**手順1：テキスト（本書）を一通り読む。**

QC検定3級の基本的な内容（出題分野や用語など）を知らないことには過去問に取り組めません。ですから、初めにテキスト（本書）を一通り読みます。すべてを覚える必要はありません。流し読むくらいの気持ちで最後まで目を通してください。

本書は手順1をかんたんに短時間で行ってもらえるように、以下の3点を工夫しています。

・私（平本きみのぶ）とあきら君の対話形式で読みやすく。

・図表を多めに配置しわかりやすく。

・過去の出題傾向を分析し重点指向で。

各章に最低限の演習問題は準備していますが、試験までの時間がない人は飛ばして構いません。まずは一通り読んで、手順2に進んでください。

1

■手順2：過去問の解答一覧（基準解答）だけを残し、解説部分を切り取って封印する。

　日本規格協会発行の「過去問題で学ぶQC検定3級」（過去問題集）には、試験問題の解答・解説が収録されています。問題を解き始める前に、まずは試験問題と解答一覧（基準解答）だけを残して、後半部分に収録されている解説部分を切り取って封印してください。解説部分とは、問題の答えと詳細な解き方が説明されている箇所です。

　「え？　解説切り取るの？」と思うかもしれませんが「可能なら」で大丈夫です。それくらいの強い気持ちで「解説は絶対見ない！」と誓ってください！

　解説部分を封印する理由は、多くの人が過去問に行き詰まったときに解説を見てしまいがちだからです。

　解説を見ても理解した気になっているだけで、身になっていません。この手順2で「解説は絶対見ない！」と強く誓ってください。

■手順3：過去問を本番通りの時間で解く（1回目）

　次は「過去問題で学ぶQC検定3級」の過去問を解きます。といっても、これから何回も解くので意気込まないでください。良い点が取れなくて当然ですから。

　まずは集中できる場所で（カフェとかNG）、きちんとタイマーをセット（試験時間90分）してください。始めたら集中し、最後まで解いてください。

　ある程度考えても分からないところがあったら、飛ばしてください。全部の問題に取り組むことが重要です。時間をしっかり守ることで、余裕があるのか、ペースをあげる必要があるのか分かります。

■手順4：解答一覧（基準解答）を使い、採点する（絶対に解説は見ない！）

　手順2で残しておいた解答一覧を使って答え合わせをします。くれぐれも解説は見ないでください！　見たらせっかく頑張った手順3が無駄になります。

　どの問題を間違えたのか、どの分野が弱いのかを把握できれば大丈夫です。

■手順5：間違えた所はテキスト（本書）から調べて、自力で答えを導く。

　一番重要なのがここ。間違えた問題を1問1問、正解が導けるまでテキスト（本書）を見ながら自分で調べて計算をして、答えを見つけてください。

　時間はどれだけかかってもいいので、自分で解いてください。

　これをすることで知識があなたの血となり肉となります。苦労して調べた解き方は忘れません。何回もいいますが過去問についている解説は絶対に見ないでください。

　ただ、どうしてもわからない、テキストに答えがどこにもない、というときにだけ最後の手段として解説をみてください。

■**手順6：別の回の過去問で手順2〜5を繰り返す。**

　1回分が終わったら、別の回の過去問を準備して手順2〜5を繰り返します（たとえば、手順3で第30回の問題を解いたら、次は第31回を解く）。

　できれば過去問題集1冊分は解いてください。1冊の中におよそ6回分の過去問が収録されています。

▼**図1.8　合格者が過去問を何回分解いたか**

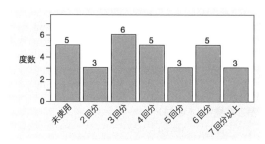

（解析ソフト：JMP17）

　図1.8に示す合格者へのアンケート結果からもわかるように、過去問を使った全員が2回分以上、半分以上が4回分以上を解いたと回答しています。

1-5　出題頻度から見た各章別の重要度

間違えたところはテキストで調べながら答えを導くのか…
ちょっとめんどくさいけど、何も考えずに解説を見るより、自分で考えながら答えを導く方が身につきそうではあるね。
テキストから調べるのは間違えた問題だけでいいの？

うん、一度正解した問題を見直すのは時間の無駄だからね。
間違えた問題に絞って取り組むことで、効率良く得点を伸ばせるんだ。

とはいっても、複数回分の過去問を解くには結構時間がかかりそうだな…
他に効率をUPさせる方法はないの？？

どうしても時間がない場合は、優先度の高い分野を重点的に学習すると良いよ。

優先度の高い分野ってどういうこと？

実はQC検定の分野には出題されやすい分野とあまり出題されない分野があるんだ。
詳しく解説するね。

　以下の表1.3は、私が独自に過去12回分［第20回〜第32回（第29回は中止）］の過去問題の出題分野を調査し、出題された分野と問題数から導いた、各章別の重要度を示したものです。

▼表1.3　各章別の重要度

章番号	章タイトル	小分類	点数	章別の合計点	割合	重要度
第2章	品質って何か考えてみよう！	品質の概念	57.5	57.5	4.8%	★
第3章	管理の方法を学ぼう！	管理の方法	71.1	71.1	5.9%	★★
第4章	QC的ものの見方・考え方を知ろう！	QC的ものの見方・考え方	95.0	95.0	7.9%	★★★

章番号	章タイトル	小分類	点数	章別の合計点	割合	重要度
第5章	品質保証の仕組みを知ろう！	新製品開発	52.3	137.9	11.4%	★★★
		プロセス保障	85.6			
第6章	全員参加で品質経営をしよう！	方針管理	44.5	212.9	17.6%	★★★★
		日常管理	50.7			
		小集団活動	56.1			
		標準化・人材育成・その他	61.6			
第7章	データの取り方・まとめ方を知ろう！	データの種類	7.3	78.3	6.5%	★★
		データの変換	0.0			
		母集団とサンプル	5.0			
		サンプリングと誤差	10.0			
		基本統計量とグラフ	56.0			
第8章	QC七つ道具で数値データを解析しよう！	パレート図	54.0	418.9	34.7%	★★★★★
		特性要因図	36.5			
		チェックシート	38.0			
		ヒストグラム	43.1			
		散布図	33.1			
		グラフ	36.4			
		層別	27.8			
		管理図	83.3			
		工程能力指数	38.8			
		相関分析・相関係数	28.0			
第9章	新QC七つ道具で言語データを整理しよう！	親和図法	12.9	84.3	7.0%	★★
		連関図法	18.1			
		系統図法	16.4			
		マトリックス図法	9.7			
		アローダイアグラム法	8.1			
		PDPC法	14.2			
		マトリックス・データ解析法	4.9			
第10章	統計的方法の基礎を学ぼう！	正規分布	39.0	50.0	4.1%	★
		二項分布	11.0			
			合計	1206.0	100%	

　表を見ていただくとわかるように最も重要なのは「第8章 QC七つ道具で数値データを解析しよう！」です。この章は実に全体の約35%を占めます。次に多いのは「第6章 全員参加で品質経営をしよう！」です。こちらは全体の17.6%で、第8章と合計すると、この二つの章だけで50%以上を占めます。

　もちろんQC検定では各章の内容を複合した問題も多く、他の章の知識が必要な問題も多いので、この二つだけを完璧にしたら50%以上得点できるということではありません。しかしながら、出題比率が高いことは間違いないので、この二つの章を重点的に対策することは得点力UPに有効です。

　なお表1.3の元データとなった「出題分野マトリクス」は付録として巻末に掲載されていますので、興味がある方はそちらも御覧ください。

　一つ注意点として、この本に記載する「重要度」という指標はあくまでもQC検定3級の出題頻度から導いた重要度であり、品質管理の実践における重要度とはまったく関係ありません。たとえば、重要度が★（星一つ）の「第2章 品質って何か考えてみよう！」にも、品質管理においてとても大切な考え方がたくさん含まれていますので、その辺りは誤解なきようにお願いします。

1-6　学習スケジュール案

先生ありがとう。
効率的な学習方法と、重要な分野が分かったから、
さっそく勉強を始めまーす！

ちょっと待った！
勉強を始める前に大切なのが学習スケジュールを決めることなんだ。やみくもに始めて「最後まで終わりませんでした」では合格できないからね。

そうか…そういえば高校の期末テストで試験範囲の7割しか終わってないってことがあったなぁ。
じゃあ具体的にはどんな学習スケジュールで勉強したらいいの？

> 学習スケジュールの目安として、1-2節で紹介した合格者アンケートの学習時間の中央値40時間より短い30時間を最長として、3パターンの学習スケジュール案を作ってみたよ。

以下が3パターンの学習スケジュール案です。

---

①短期型：20時間コース
→テキストを全章読む＋過去問4回分

②効率型：25時間コース
→テキストを全章読む＋★★★以上の章は演習問題＋過去問5回分

③標準型：30時間コース
→テキストを全章読む＋全部の章の演習問題＋過去問6回分

　最短で20時間、最長でも30時間の範囲で学習スケジュールを組んでみました。当然ですが学習時間が多いスケジュールほど習得度は高くなるはずなので、③標準型を基本として、どうしても時間がない場合は、①短期型や②効率型で試験に臨んでください。もちろんこれは合格を保証するものではありません。各スケジュールを終えて、何か不足していると感じる場合は、各自で補っていただくようにお願いします。

　ここからは各スケジュールの詳細をガントチャートと共に解説します。ガントチャートは縦軸に作業項目、横軸に時間をとって、計画と実績の日程を棒で示したグラフのこと。計画と現在の進行状況を図で示し、日程管理に用いるグラフです。詳細は第8章にて解説しています。

　なお本節で紹介するガントチャートのExcelデータは以下のURLからダウンロードしていただけますので、自由にカスタマイズして役立ててください。

参考　スケジュール管理用ガントチャート
https://no3good.com/wp-content/uploads/2022/12
/QC3_schedule.xlsx

---

①短期型：20時間コース
→テキストを全章読む＋過去問4回分

No.	作業名	所要時間（目安）	開始日	終了日	
1	第1章を読む	1.0			計画／実績
2	第2章を読む	0.3			計画／実績
3	第3章を読む	0.3			計画／実績
4	第4章を読む	0.5			計画／実績
5	第5章を読む	0.5			計画／実績
6	第6章を読む	0.5			計画／実績
7	第7章を読む	0.8			計画／実績
8	第8章を読む	2.0			計画／実績
9	第9章を読む	0.5			計画／実績
10	第10章を読む	0.5			計画／実績
11	過去問_第○○回＋間違えた問題を復習	3.5			計画／実績
12	過去問_第△△回＋間違えた問題を復習	3.5			計画／実績
13	過去問_第□□回＋間違えた問題を復習	3.0			計画／実績
14	過去問_第●●回＋間違えた問題を復習	3.0			計画／実績
	合計	19.8			

②効率型：25時間コース
→テキストを全章読む＋★★★以上の章は演習問題＋過去問5回分

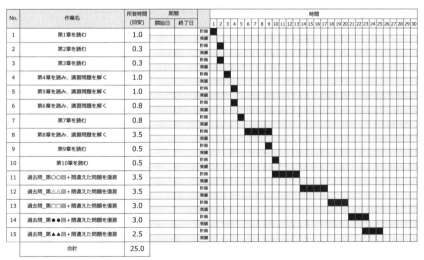

No.	作業名	所要時間（目安）	開始日	終了日	
1	第1章を読む	1.0			計画／実績
2	第2章を読む	0.3			計画／実績
3	第3章を読む	0.3			計画／実績
4	第4章を読み、演習問題を解く	1.0			計画／実績
5	第5章を読み、演習問題を解く	1.0			計画／実績
6	第6章を読み、演習問題を解く	0.8			計画／実績
7	第7章を読む	0.8			計画／実績
8	第8章を読み、演習問題を解く	3.5			計画／実績
9	第9章を読む	0.5			計画／実績
10	第10章を読む	0.5			計画／実績
11	過去問_第○○回＋間違えた問題を復習	3.5			計画／実績
12	過去問_第△△回＋間違えた問題を復習	3.5			計画／実績
13	過去問_第□□回＋間違えた問題を復習	3.0			計画／実績
14	過去問_第●●回＋間違えた問題を復習	3.0			計画／実績
15	過去問_第▲▲回＋間違えた問題を復習	2.5			計画／実績
	合計	25.0			

③標準型：30時間コース

→テキストを全章読む＋全部の章の演習問題＋過去問6回分

No.	作業名	所要時間(目安)	期間 開始日	終了日		時間
1	第1章を読む	1.0			計画/実績	1 2 3 4 5 6 7 8 9 10 11 12 13 14 15 16 17 18 19 20 21 22 23 24 25 26 27 28 29 30
2	第2章を読み、演習問題を解く	0.5			計画/実績	
3	第3章を読み、演習問題を解く	0.5			計画/実績	
4	第4章を読み、演習問題を解く	1.0			計画/実績	
5	第5章を読み、演習問題を解く	1.0			計画/実績	
6	第6章を読み、演習問題を解く	0.8			計画/実績	
7	第7章を読み、演習問題を解く	1.5			計画/実績	
8	第8章を読み、演習問題を解く	3.5			計画/実績	
9	第9章を読み、演習問題を解く	1.0			計画/実績	
10	第10章を読み、演習問題を解く	1.0			計画/実績	
11	過去問_第○○回＋間違えた問題を復習	3.5			計画/実績	
12	過去問_第△△回＋間違えた問題を復習	3.5			計画/実績	
13	過去問_第□□回＋間違えた問題を復習	3.0			計画/実績	
14	過去問_第●●回＋間違えた問題を復習	3.0			計画/実績	
15	過去問_第▲▲回＋間違えた問題を復習	2.5			計画/実績	
16	過去問_第■■回＋間違えた問題を復習	2.5			計画/実績	
	合計	29.75				

1-7　効率よく得点するテクニック

学習スケジュールも決まって、そろそろ勉強を始めたいんだけど、まだ何かあるの？

あと少しだから、もうちょっとだけ我慢してね。
次は「効率よく得点するテクニック」を紹介するよ。

効率よく得点するテクニック！？
それそれ、そういうやつを待ってたんだよ！
「解答用紙に秘密の暗号を書くと、得点が1.2倍になる！」みたいなやつかな？

そんなゲームの裏技みたいなテクニックはないよ。

あくまでも基本は1-4節で紹介した学習方法で、この
テクニックはおまけみたいなものだから。

まぁ、そうだよね。
期待しすぎず、参考にするよ。

私が紹介する効率よく得点するためのテクニックは図1.9の三つです。

▼**図1.9　効率よく得点するテクニック**

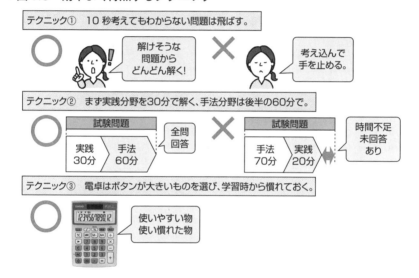

それぞれかんたんに説明します。

■**テクニック①：10秒考えてもわからない問題は飛ばす。**

一番大切なテクニックはこれ。10秒考えてもわからない、解き方がイメージできない問題は飛ばして、次の問題に進みましょう。難しい問題に時間を取られて、かんたんな問題に手が付けられないのは「もったいない」の一言です。

なおQC検定3級の合格基準は「手法分野・実践分野の各得点が50％以上かつ、総合得点が70％以上。」です。難しい1問にこだわらなくても、他でカバーできます。試験時間内にすべての問題に手を付けることが大切。難しいと感じた問題は勇気をもって飛ばしましょう。

■テクニック②：まず実践分野を30分で解く、手法分野は後半の60分で。

　これは問題に取り掛かる順番と時間配分のテクニックです。なぜ実践分野から取り組むかというと、理由は二つあります。一つは例年の傾向として実践分野の方が受検生の得点率が高く、合格者の得点源になっていること。二つ目は語句選択が主な出題方式であり、計算問題も少ないので、詰まる可能性が少なく、解答時間が安定しやすいからです。

　以下はアンケートにて合格者の得意分野と苦手分野を調査した結果です。図1.10は得意分野、図1.11は苦手分野のグラフ。どちらも複数回答可として調査しました。

▼図1.10　合格者の得意な分野

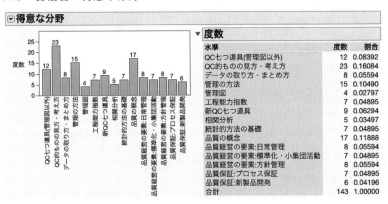

水準	度数	割合
QC七つ道具(管理図以外)	12	0.08392
QC的ものの見方・考え方	23	0.16084
データの取り方・まとめ方	8	0.05594
管理の方法	15	0.10490
管理図	4	0.02797
工程能力指数	7	0.04895
新QC七つ道具	9	0.06294
相関分析	5	0.03497
統計的方法の基礎	7	0.04895
品質の概念	17	0.11888
品質経営の要素:日常管理	8	0.05594
品質経営の要素:標準化・小集団活動	7	0.04895
品質経営の要素:方針管理	8	0.05594
品質保証:プロセス保証	7	0.04895
品質保証:新製品開発	6	0.04196
合計	143	1.00000

▼図1.11　合格者の苦手な分野

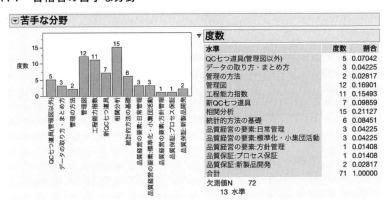

水準	度数	割合
QC七つ道具(管理図以外)	5	0.07042
データの取り方・まとめ方	3	0.04225
管理の方法	2	0.02817
管理図	12	0.16901
工程能力指数	11	0.15493
新QC七つ道具	7	0.09859
相関分析	15	0.21127
統計的方法の基礎	6	0.08451
品質経営の要素:日常管理	3	0.04225
品質経営の要素:標準化・小集団活動	3	0.04225
品質経営の要素:方針管理	1	0.01408
品質保証:プロセス保証	1	0.01408
品質保証:新製品開発	2	0.02817
合計	71	1.00000

欠測値N　　72
　　　　　13 水準

まず得意分野の順位は、

1位　QC的ものの見方・考え方

2位　品質の概念

3位　管理の方法

とすべて実践分野の項目となりました。

一方で苦手分野の順位は、

1位　相関分析

2位　管理図

3位　工程能力指数

とすべて手法分野の項目となりました。

この結果からも、合格者は手法分野より実践分野で得点を稼いでいると考えられます。

時間配分を実践分野30分、手法分野を60分としているのは、手法分野には計算問題が含まれており、時間がかかるためです。

このテクニックを知らずに問1から解き始めると、試験の前半部分は手法分野なので、計算に時間がかかり、せっかくの得点源である後半部分の実践分野に手が付けられなかったという事態になりかねません。ですから、まずは実践分野を確実に終わらせて得点を稼ぐことが重要です。

■テクニック③：電卓はボタンが大きいものを選び、学習時から慣れておく。

最後はミスを減らすためのテクニック。QC検定3級には電卓の持ち込みが可能です。この電卓の選び方と慣れ具合は意外と見落としがちなポイントです。

具体的にはボタンが大きく、液晶が見やすいものを選びましょう。これはボタンの押し間違いや、数字の見間違いなどつまらないミスを避けるためです。そして電卓は早めに準備して、過去問に取り組むときは、本番に持ち込む予定の電卓を使い、しっかりと慣れましょう。QC検定3級の試験問題で最も時間を取られるのは計算問題です。この計算問題をミスなく突破できるかは重要です。

参考までに私が1級を合格したときに使った、おすすめの電卓を掲載しておくので、よかったらご検討ください。3級はもちろん、将来的に上位級を狙う場合にも使えるものです。さらにソーラーパネルと電池を併用しているタイプなので電池切れの心配も少ないのが特徴です。

▼図1.12　おすすめの電卓（CASIO　MW-12GT-N）

写真提供：カシオ計算機株式会社

電卓もそうだけど、分からない問題を飛ばす大切さと、実践分野が得点源って情報は教えてもらわないと気づけなかったかもな。
よし、テクニックもわかったし、今度こそ勉強スタートでOK？

うん、事前に必要な情報はすべて伝えたから、あとは勉強あるのみ！
合格を目指して頑張っていこう。

はーい。
ちゃちゃっと勉強してサクッと合格しちゃおう！
よろしくおねがいしまーす。

第2章

品質って何か考えてみよう！

重要度 ★

2-1　品質の定義

（1）品質とは

さて、そもそも「品質」って何だろう？
「品質が良い」と聞いてどんなことを思い浮かべる？

うーん、あらためて聞かれるとよくわからないな…
「傷や汚れがないこと」「壊れずに長く使用できること」とか？

JIS（日本産業規格）によると、品質とは、
「本来備わっている特性の集まりが、要求事項を満たす程度」と定義されているよ。

先生〜
いきなりそんな難しいこといわれてもわからないよ〜
それ、どんな意味なの？

ごめんごめん！　でも焦らなくて大丈夫。
かんたんに説明するから一つひとつ理解していこうか。

　「品質」とは、ある「製品・サービス」について、消費者（顧客）が求める特性との「適合度」（一致度合い）といえます。ここで特性というのは「製品・サービス」の持つ性質のことです。

　たとえば、スマートフォンの「品質」とは、外観、消費電力、画面サイズ、形状・寸法、通信速度、音質などに加えて、価格、機種変更にかかる時間、寿命、安全性、信頼性、使いやすさ、ブランド、リサイクルの可否など主観的な使用者の満足度も含めた特性が「どれだけ要求事項を満たしているか」で表されます。

▼図2.1 スマートフォンにおける品質の例

品質＝消費者（顧客）が求める特性との「適合度」

- ・外観
- ・消費電力
- ・画面サイズ
- ・形状・寸法
- ・通信速度
- ・音質
- ・価格
- ・機種変更にかかる時間
- ・寿命
- ・安全性
- ・信頼性
- ・使いやすさ
- ・ブランド
- ・リサイクルの可否　など

（2）顧客の側に立って考える品質

先程のスマートフォンのように、消費者（顧客）の要求する項目は、従来の品質（Quality）に加えて、コスト（Cost）、納期・生産性（Delivery）、安全性（Safety）、士気・意欲（Morale：モラール）、環境（Environment）の頭文字を取った、組織活動の6大目標（QCDSME）にまで拡大しています。

え〜！
「品質」って言葉にそんなに沢山の項目が含まれているの？　とても自分の仕事では達成できないよ…

うん、そうだよね。個人で達成するにはとても困難に感じるけど、従業員ひとりひとりが顧客の側に立って、品質最優先あるいは品質第一という考えで活動することが大切なんだ。

なるほど…
従業員全員で達成するんだね、それならちょっとイメージできるかも。

だからQC検定には組織的に品質を満足するための「仕組み」や「知識」が詰まっているんだよ。これからじっくりと学んでいこうか。

39

2-2　サービスの品質、仕事の品質

先生、わかった！
要は「製品」に対するお客さんの要求事項を知っていれば大丈夫ってことだよね？

う、うん。品質の定義を分かってくれたんだね。でも実は「品質」という言葉は製品（ハードウェア）だけに使われるものでもなくて「サービス」のような形のないもの（ソフトウェア）に対しても使われるんだ。

え…そうなの？？
でもいわれてみれば
「あそこのレストランは接客の品質がいい」みたいにいうかも。

そうそう。接客業に限らず、製造業でも製品を購入してもらった後の「アフターサービス」は、顧客満足度に大きな影響を与えるんだよ。

　企業が他社との競争に勝ち残るためには、製品品質だけでなく「クレームや苦情への対応の良さ」といったサービス品質の向上も不可欠です。更には、これらの対応から新たな商品開発に結び付けて、安心・安全な商品を提供し続ける必要があります。

　また、品質を求めるのは消費者（顧客）だけではありません。企業内部でも品質は求められます。それは「仕事の品質」です。企業活動は、営業、研究、設計、製造といった直接部門と、経理、人事、労務、総務といった間接部門の連携で成立します。それぞれが担当している業務の仕上がりを後工程に保証していく「後工程はお客様」の考え方で、「仕事の品質」を向上させていく必要があります。

2-3　社会的品質

「後工程はお客様」か…確かに自分の仕事も次に受け取ってくれる人がいるから成立しているなぁ。ひとりひとりが仕事の品質を上げることが重要なんだね。

そうそう。自分一人で仕事はできないんだ。それと同じで企業も自社だけでは活動できない。だから社会的品質を満足する必要があるんだ。

社会的品質か、初めて聞く言葉だな。
どんな品質なんだろう？

　社会的な影響を与える品質（社会的品質）とは、「生産者と顧客以外の第三者（社会）に産出物が与える迷惑の程度」のことです。もっとかんたんにいうと、「作ったものが社会にどれだけ迷惑をかけるか？」ということです。

　1960年代の終わり頃から、自動車の排気ガスによる大気汚染や、エアコン・冷蔵庫といった家電製品のフロンガスによるオゾン層の破壊、食品の化学添加物による健康被害などが大きな問題となり、企業には顧客満足だけでなく、社会にも迷惑をかけない製品の提供が求められるようになりました。

　特に製品の安全性については重要視され、法律が整備されました。それがPL（Product Liability）法：製造物責任法で、「製造物の欠陥が原因で生命、身体または財産に損害を被った場合に、被害者が製造業者等に対して損害賠償を求めることができる。」と規定した法律です。

▼図2.2　生産活動による環境破壊

　近年では2015年9月の国連サミットで、全会一致で採択された「持続可能な開発目標（SDGs：Sustainable Development Goals）」が国際目標として掲げられており、その中でも特に「12.つくる責任つかう責任」という項目は、持続可能な消費生産形態を確保することを目標としており、社会的品質と密接な関係にあるといえます。

　さらに顧客にとっては、総コスト［ライフサイクルコスト（Life Cycle Cost：LCC）］も重要です。これは、製品の購入価格だけでなく、維持費や保守費用、廃棄費用を合算したコストのこと。

　たとえば、筆者は過去に安売りされていた「加湿機能付き空気清浄機」を買いましたが、内部清掃の手間やフィルタの交換費用に満足できなかったため、すぐに手放した経験があります。

　このように、企業としては製品の企画・設計段階から社会的品質やLCCを考慮しなくては、真の顧客満足や社会的立場は得られないといえますね。

2-4 要求品質と品質要素

社会的品質にLCCか…
確かに社会に迷惑をかける製品や、維持管理にコストがかかる製品は買いたくないな。

そうだよね。常に消費者や社会の側に立って、製品を提供していくことがとっても大切なんだ。

よーし！ そうと分かれば、消費者として欲しいと思える製品をどんどん設計していくぞ～

ちょ、ちょっと待った！
自分だけの思い込みで製品を設計したらダメだよ。
製品を企画する前に必ず必要なのが要求品質の把握と品質要素への展開なんだ。

要求品質に品質要素…
また難しい単語が出てきたな…
解説お願いしまーす。

　顧客満足を獲得するために、最も大切なことは何でしょうか？　それは「顧客の要求事項（要求品質：required quality）を把握し、要求品質を満たす製品を提供すること」です。開発者が作りたい製品を作っても、その製品を求める人がいなければ意味がありませんよね。

　要求品質を把握する際に重要なのが顧客の声（Voice Of Customer：VOC）と呼ばれる市場の声の収集と解析です。VOCには品質を構成しているさまざまな性質、性能が含まれます。これを細分化し、項目化したものを品質要素と呼びます。主な「品質要素の切り口」には、機能性能、意匠、使用性、互換性、入手性、信頼性、安全性、環境保全性などがあります。特に品質要素の中でも、評価方法が定まり、特性値化できたものを品質特性と呼びます。

▼図2.3　自動車における品質要素と品質特性（の一部）

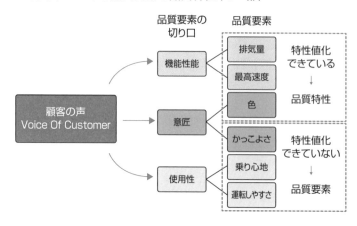

2-5　ねらいの品質とできばえの品質

顧客の声を収集・分析して品質要素に分解していくんだね。
顧客アンケートの分析と関係者間での議論で品質要素が決まったからこれで完璧だ！

製品の企画・設計段階としてねらいの品質が明確になったね。でも、できばえの品質がねらい通りになるとは限らないよ。

え？　ねらいにできばえ？
それってどういうことなの？

かんたんにいうと「理想と現実は違う」ってこと。
詳しく解説するね。

　品質要素を明確にしたら、それらを実現化するために「設計」を行います。ねらいの品質とは、「製品の目標として目指すべき品質」のことで設計品質（quality of design)とも呼ばれます。しかし、設計で要求された品質が100％実現できるとは限りませんよね？　ですので実際に製造された製品の品質をできばえの品質もしくは製造品質、適合の品質（quality of conformance）と呼びます。

　設計品質は具体的にどのような形で規定されるのでしょうか？　一般的には設計図面、製品仕様書、製品規格、原材料規格などで明示されます。基本的に設計品質に挙げられていない項目は、製造品質に現れません。ですので「製品は設計が命！」なんていわれたりもします。

　製品開発における一連の流れを整理すると、まずはお客様の要求品質（required quality）を把握し、自社の技術力や、競合他社のレベル、社会情勢、将来のトレンド予測、経営基本方針（第6章参照）なども考慮して「要求品質に対する企画目標（企画品質：quality of planning）」を設定します。そして企画品質を満足する「ねらいの品質（設計品質）」を設計図面や製品仕様書などで明示し、それらに基づいて製品が製造されることで「できばえの品質（製造品質）」として具現化され、お客様のもとに届きます。このような一連の仕事におけるプロセスの質を「広義の品質」、製品の品質を「狭義の品質」と呼び（図2.4）、顧客満足の獲得には狭義の品質だけでなく、広義の品質も満足することが重要となります。

▼図2.4　さまざまな品質

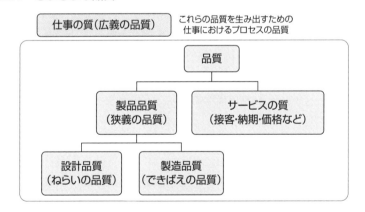

2-6　品質特性、代用特性

うちの会社でも製品図面や製品仕様書はあるけど、品質要素がちゃんと盛り込まれているか不安になってきたよ…
特に「かっこよさ」みたいな品質要素は怪しいなぁ…

「かっこよさ」みたいな人の感性に影響される品質要素は、評価方法を決めて「品質特性」にすることが非常に重要なんだ。
品質特性についてもう少し考えてみようか。

　「品質特性」とは、「品質要素の中でも評価方法が決まり特性値化できたもの」です。たとえば自動車の「機能性能」という品質要素は、排気量や最高速度などの品質特性で測ることができますね。

　品質特性は定量的（数字で表すことができるもの）に評価するものと定性的（数字で表わすことができないもの）に評価するものがあります。たとえば、自動車の最高速度は定量的に評価できますが、「かっこよさ」や「運転のしやすさ」などを定量的に評価することは難しいですよね？　そんなときは、たとえば、複数の人にアンケートを行い5段階で点数付けをしてもられば、品質特性として評価することができます。

　また、必要な品質特性を直接測定することが困難な場合などは、「その品質特性と関係の強い他の品質特性で代用する」ことがあります。この品質特性を代用特性と呼びます。

　たとえば、金属同士を溶接する部品では、「溶接部の強度」が非常に重要な品質特性です。しかし溶接部の強度を測るためには部品を引張試験器にかけて溶接部位を破壊する必要があります。当然、部品を毎回破壊しては、いつまでも出荷することができませんよね？　そこで、「溶接部の強度」と関係が強い「溶接部の溶け込み量」を代用特性として測定し、部品の品質を保証します。

　当然ですが事前に「溶接部の強度」と「溶接部の溶け込み量」の関係（相関関係という）を明確にしてあることが大前提ですよ。

2-7　当たり前品質と魅力的品質

品質要素の評価方法を明確にして、品質特性にすることが大切なんだね。なんとなく「品質」との付き合い方が分かってきた気がするよ。

 ここまで色々と品質について説明してきたけど、ちょっと別の切り口として、製品として具現化された品質には「当たり前品質」と「魅力的品質」の二つがあるんだ。

え？　何それ？
当たり前と魅力的？？

 これはお客様側における「品質の受け止められ方」の話なんだ。
かんたんに解説するね。

　当たり前品質というのは、「あるのが当たり前で、ないと不満を引き起こす」品質のこと。つまり充足できていない場合は大きな不満につながるが、充足していてもユーザーが満足感を感じることはない品質です。

　一方で、魅力的品質というのは、「あれば満足されるがなくても仕方ない」品質のこと。これは、充足できなくても問題にはならないが、充足しているほどユーザーの満足感を得ることができる品質です。何となくイメージが付きますか？

　たとえば、スマートフォン（スマホ）でいうと、「サクサクとスムーズに動く」というのは現在では当たり前品質ですが、スマホが出始めた2010年頃は魅力的品質でした。市場ニーズの変化や技術の進歩で「魅力的品質だと思っていたことが、いつの間にか当たり前品質になっていた」という事態は、企業として致命傷になりかねません。当たり前品質を確保することを品質保証の基本として、顧客の潜在ニーズを掘り起こし、魅力的品質を付与していく活動が必要不可欠といえますね。

▼**図2.5　魅力的品質と当り前品質**
　－東京理科大学　狩野紀昭名誉教授による顧客満足の概念（狩野モデル）

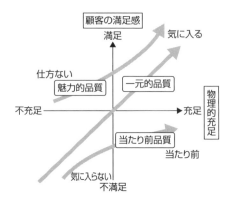

出典：「魅力的品質と当り前品質」狩野 紀昭、瀬楽 信彦、高橋 文夫、辻 新一（著）、日本品
　　　質管理学会誌「品質」1984年14巻2号 p.41
　　　「図・1　物理的充足状況と使用者の満足感との対応関係概念図」「(b) 二次的な認識
　　　方法」

第2章　演習問題

問題1

　次の文章において、[　　　]内に入る最も適切な記号を、選択肢からひとつ選
べ。ただし、各選択肢を複数回用いることはない。

①品質とはある「製品・サービス」について、消費者（顧客）が求める特性との
　「[(1)]度」である。ここで特性というのは「製品・サービス」の持つ性質のこ
　とを指す。
②顧客の要求する項目は組織活動の6大目標（QCDSME）に分類される。ここで
　Qは品質、Cはコスト、Dは納期や生産性、Sは[(2)]、Mはモラール（士気・
　意欲）、Eは[(3)]である。

③企業に対し製品の社会的品質を満足させるため、製品の　(2)　に関する法律
　が整備された。特に「製造物の欠陥が原因で生命、身体または財産に損害を
　被った場合に、被害者が製造業者等に対して損害賠償を求めることができる」
　と規定した法律を　(4)　法：製造物責任法という。

④商品開発においては、まず顧客の声（Voice Of Customer：VOC）を収集・分析
　し、品質要素を明確にする。その上で品質要素を盛り込んだ設計を行い、製
　品の目標として目指すべき品質を定める。この品質を　(5)　の品質（設計品
　質）と呼ぶ。一方、工場などにおいて実際に製造された物の品質は　(6)　の
　品質（製造品質）と呼ばれる。

⑤品質は「商品機能の充足状況」と「ユーザーの満足感」の関係によって二つに分
　類できる。機能が充足されれば満足し、充足されなくても不満をおこさない
　品質を　(7)　品質と呼び、機能が充足されても満足しないが、充足されなけ
　れば不満をおこす品質を　(8)　品質と呼ぶ。

【選択肢】

ア．できばえ　　イ．JIS　　　　ウ．環境　　　エ．魅力的　　オ．快適性
カ．企画　　　　キ．エネルギー　ク．適合　　　ケ．標準化　　コ．QL
サ．ねらい　　　シ．PL　　　　ス．安全性　　セ．寄与　　　ソ．当たり前

【解答欄】

(1)	(2)	(3)	(4)	(5)	(6)	(7)	(8)

解答・解説

問題1

解答

(1)	(2)	(3)	(4)	(5)	(6)	(7)	(8)
ク	ス	ウ	シ	サ	ア	エ	ソ

解説

①品質の定義に関する問題。消費者（顧客）が求める特性との「(1)ク：適合度」が正解です。JIS（日本産業規格）では、「品質とは、対象に本来備わっている特性の集まりが、要求事項を満たす程度」と定義されています。いずれにせよ、品質とは、供給者（企業）側が決めるものではなく、お客様によって決まるということがポイントです。

②組織活動の6大目標(QCDSME)の内容に関する問題。QCDSMEは品質(Quality)、コスト(Cost)、納期や生産性(Delivery)、(2)ス:安全性(Safety)、モラール（士気・意欲)(Morale)、(3)ウ：環境(Environment)の頭文字です。

③社会的品質を守るための法律に関する問題。(4)シ：PL法：製造物責任法が正解です。PLとは、Product（製造物）のPと、Liability（責任）のLをとったもの。QC検定にはPL法の他にもLCC(Life Cycle Cost：ライフサイクルコスト)、VOC(Voice Of Customer：顧客の声)など英単語の頭文字を取った用語が多く登場します。元の英単語とその意味をセットで覚えておくと良いでしょう。

④製品の目標として目指すべき品質は「(5)サ：ねらいの品質（設計品質)」。実際に製造された物の品質は「(6)ア：できばえの品質（製造品質)」が正解です。ただし、これら二つはあくまでも製品に関する品質で「狭義の品質」と呼ばれます。一方で接客や納期などサービスの質も含めた品質は「広義の品質」と呼ばれます。図2.4を参考にしてさまざまな品質の意味を理解しておきましょう。

⑤顧客満足の概念に関する問題。機能が充足されれば満足し、充足されなくても不満をおこさない品質は「(7)エ：魅力的品質」と呼び、機能が充足されても満足しないが、充足されなければ不満をおこす品質は「(8)ソ：当たり前品質」と呼びます。企業は顧客の潜在ニーズを掘り起こし、魅力的品質を付与していかなければ、他社との競争には勝ち残っていけません。

第3章

管理の方法を学ぼう！

重要度 ★★

3-1　維持と改善

第2章では品質管理における「品質」とは何かを学んだね。この第3章では「管理」について学んでいくよ。
…あきら君が考える「管理」って何？

またそのパターン？？
いきなり聞かれるの辛いんですけど〜
よく分かんないけど、「物事をきちんと整えること」とか？

うん、結構いい感じ。
広辞苑では「そのものを全体に渡って掌握し（絶えず点検し）、常時、意図する通りの機能を発揮させたり、好ましい状態が保てるようにすること」って書かれてるんだ。

お！　結構イメージと合ってる！
なんだ、かんたんだね。

でも組織活動における「管理」は少し違ってて
「PDCAサイクルを回すこと」っていわれてるんだ。

PDCAサイクルを回す？？？
もうまったく意味分かんないんですけど！
早く解説してよ〜

　PDCAサイクルは管理のサイクルとも呼ばれ、「組織的な活動を実施する際にはまず計画（Plan）を立て、それに従い実施（Do）し、その結果を確認（Check）し、必要に応じてその結果を修正する処置（Act）を取る」という一連の動きのことです。
　PDCAサイクルは仕事を行う上での基本的な流れともいえます。まず目的を明

らかにして、達成に向けた計画（Plan）を立てる。次は計画に基づき実施（Do）し、その結果を確認（Check）。そして結果に問題があれば処置（Act）を行い、次の計画に向けてフィードバックを行う。これらの繰り返しで仕事を進めていきます。

▼図3.1　管理のサイクル

一方で「維持」も組織活動には欠かせません。維持とは、「標準を設定し、それに従って作業を行うこと」です。標準からずれないように心掛け、ずれた場合は元に戻す。この活動を維持活動といい、維持活動はPの代わりに標準化（S）が適用され、SDCA［標準化（Standardize）、実施（Do）、確認（Check）、処置（Act）］と呼びます。

▼図3.2　PDCAとSDCAの違い

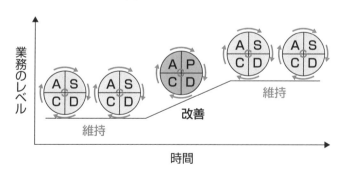

3-2　問題と課題

先生〜！　PDCAは分かったけど、うちの職場は問題ばかり起きるから、そんな綺麗に仕事が回ってないよ！
課題が山積みなんだからPlanやChek、Actなんてやってられないね！　とにかくDo！Do！Do！さ！

ま、まぁまぁ落ち着いて。それはこれから少しずつ改善していくとして、あきら君は今「問題」と「課題」って単語を使ったけど、二つの違いは分かってる？

え？　問題と課題？
どっちも「不都合なこと」ってイメージで、違いなんて特にないでしょ！

いやいや、この二つには大きな違いがあるんだ。
その違いを意識することが改善への第一歩だから解説するね。

　「問題」とは、「すでに設定してある目標（あるべき姿）と現実とのギャップ」、「課題」とは、「挑戦的な目標（ありたい姿）と現実とのギャップ」です。「問題解決」とは、悪くなってしまった状態から本来あるべき状態に戻す活動であるのに対し、「課題達成」は現状より高いレベルの目標を目指す活動といえます。

　たとえば、通常生産時の不適合品率0.5％に対し、現状が1.3％だとすると、そのギャップ0.8％は問題です。また、現在の生産能力が3,000個／日の生産ラインを4,000個／日まで向上させるのが目標なら、そのギャップ1,000個／日は課題です。

▼図3.3　問題と課題の違い

悪くなってしまった現状を、あるべき姿に戻すのが「問題解決」
現状より高いレベルの、ありたい姿を目指すのが「課題達成」

目標（ありたい姿）

ギャップ＝課題

現状

目標（あるべき姿）

ギャップ＝問題

現状

3-3　継続的改善

課題が現状より高いレベルとのギャップとは知らなかったなぁ。
ま、うちの職場が「問題」だらけってのは間違いないよ。

たとえ今が問題だらけでも「継続的改善」を続けることが大切なんだ。「改善」こそ日本企業の強みだからね。

え？　どういうこと？
改善なんて世界中で行われてるんじゃないの？

「改善」は日本の品質管理における最大の特徴といわれているんだ。海外でも「KAIZEN」という用語で知られているんだよ。

> へ～日本語がそのまま使われてるなんて、驚きだなぁ。
> 詳しく教えてよ。

「継続的改善」とは、製品、サービス、工程、プロセスなどについて、PDCAサイクルを繰り返しながら、より高い仕事の質・レベルを目指す活動のことです。

維持のためのSDCAサイクルを基本としながら、改善のPDCAサイクルによる問題解決・課題達成を織り交ぜ、より高いレベルを目指します。問題解決・課題達成を実施するには、それぞれ「問題解決型QCストーリー」、「課題達成型QCストーリー」で進めることが望ましいとされています（3-5、3-6節参照）。

また、PDCAサイクルによる継続的改善を繰り返して、仕事の質・レベルを向上させることを「スパイラルアップ」と呼びます。

▼図3.4　スパイラルアップ

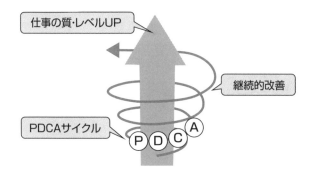

3-4　PDCA、SDCA、PDCAS

SDCAとPDCAを織り交ぜながら。
っていわれてもなぁ…
いまいち各ステップで何をしたらいいのか分からない
よ。

OK。
それなら各ステップでどんなことを考える必要があ
るか説明するね。

　まずは、PDCAのP（計画）について説明します。Pは四つのステップの中でも最重要ステップです。なぜなら計画の善し悪しで、その後の結果が大きく影響されるから。「すべては計画で決まる」「計画が8割」といった言葉もあるくらいなので、非常に大切なステップといえます。

▼図3.5　問題解決における計画（P）の重要性

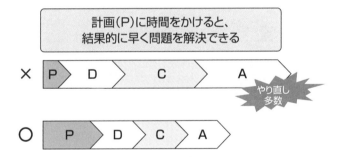

　P（計画）の具体的な中身としては、3-5、3-6節にて紹介する「QCストーリー」を基本として以下6項目を確認します。

1. 取り組みの背景・目的の確認
2. 現状の把握、取り組むべき問題・課題の明確化
3. 目標の設定（Q：品質、C：コスト、D：納期）
4. 要因の解析、課題の細分化
5. 対策の立案、最適策の追求、想定されるリスクとその対応
6. 活動のスケジュール、担当者

えぇ！？　六つもあるの？
もう心が折れそうなんですけど…

Pのところが一番検討する項目が多いんだ、それだけ
重要ってことなんだよ。残りのDCAはPほど多くな
いから安心して。
一気に説明するよ。

次のD（実施）では、以下2項目を実施します。

1. 計画通りの作業
2. 必要なアウトプット（データなど）の取得

その次はC（確認）を行います。Cでは、以下の2項目を確認します。

1. 取得したアウトプットの可視化（グラフ化）
2. 目標達成度の確認（Q：品質、C：コスト、D：納期）

最後はA（処置）です。主に以下の3項目を確認します。

1. 是正処置（標準から外れている場合）
2. 標準化（マニュアル、帳票の改訂など）
3. 標準を守るための教育・訓練

上記のPDCAに比べて、より「標準作業やマニュアルを拠り所として管理のサイクルを回すこと」に着目したものを標準化（Standardize）のSをとってSDCAと呼びます。またPDCAの処置の後に標準化を行うことを意識して、PDCASと表現することもあります。

3-5 問題解決型QCストーリー

何となくは分かったんだけど、正直、実務でそんなにうまく仕事が回るかなぁ。
仕事の進め方なんて人によってバラバラだからサイクルを継続できるとは思えないけど？

うん、それはその通りだね。だから改善活動を継続的かつ効率的に行うため、「決められたストーリー」に沿って進めることが考えられたんだ。
それが「QCストーリー」さ。詳しく説明するね。

「QCストーリー」には、改善活動の目的や難易度によって、以下の四つの型があります。

▼表3.1　QCストーリーの型と用途

難易度	型	用途・活用場面
高	未然防止型	今後起こるかもしれない問題を想定し未然に防止する
高	課題達成型	将来のありたい姿を実現する
中	問題解決型	発生した問題を解決する
低	施策実行型	対策がほぼ検討できている問題を解決する

改善活動の基本となる「問題解決型QCストーリー」は、以下の8ステップで進められます。特に大切なのはステップ2.の現状の把握、そしてステップ3.の要因の解析です。ここで問題の真因を特定できるかどうかが、目標の達成度に大きく影響します。

▼表3.2　問題解決型QCストーリー

ステップ名	実施事項
1. テーマの選定	①問題の洗い出し ②上位方針（会社・自部署）と自身の役割を確認 ③後工程のニーズ・要求事項を確認 ④重要度・緊急度・拡大傾向※からテーマを選定 （※放置したときに影響がどれくらい拡大するか）

ステップ名	実施事項
2. 現状の把握と目標設定	①問題に関するデータを取得（5W1Hにて分類） ②重点指向により対策するべき箇所を特定 ③目標値の設定と評価指標（QCD）の確認 ④大まかな実施計画の作成
3. 要因の解析	①問題に関する要因の洗い出し ②仮説の設定 ③データに基づき仮説を検証 ④真因の特定
4. 対策の立案	①真因に対する対策案の列挙 ②対策案の選定基準（効果・コスト・工数など）を設定 ③選定基準に基づき対策を決定
5. 対策の実施	①計画通りに対策を実施 ②必要なアウトプット（データなど）を取得
6. 効果の確認	①取得したデータの可視化（グラフ化） ②データの分析 ③目標に対する達成度の確認 ④不足の場合はステップ3に戻る
7. 標準化と管理の定着 （歯止め）	①標準化（マニュアル、帳票の改訂など） ②標準を守るための教育・訓練
8. 反省と今後の対応	①活動の進め方の振り返り ②残された問題への対処 ③今後の活動方針を検討

3-6　課題達成型QCストーリー

四つの型のQCストーリーがあるのか…
とりあえずQC検定3級で覚えておく必要があるのは
「問題解決型」だけでいいの？

問題解決型が一番大切なんだけど、「課題達成型」も
出題されるから流れを知っておこう。残りの未然防
止型と施策実行型はほとんど出題されないよ。

　課題達成型QCストーリーは、現状をより高いレベルの「ありたい姿」に近付ける際に使用されるQCストーリーです。ポイントは「ステップ3.方策の立案」で「従来のやり方にとらわれない新しいアイデア」を織り交ぜながら、方策を検討することが重要となります。

▼表3.3　課題達成型QCストーリー

ステップ名	実施事項
1. テーマの選定	①問題・課題の洗い出し ②上位方針（会社・自部署）と自身の役割を確認 ③お客様や社会のニーズ・要求事項を確認 ④重要度・緊急度・拡大傾向※からテーマを選定 　（※放置したときに影響がどれくらい拡大するか）
2. 課題の明確化と目標設定	①現状レベルと要望レベルのギャップを調査 ②自社の強み・弱みを調査 ③取り組むべき課題を明確化（大課題） ④目標値の設定（QCDにて）
3. 方策の立案	①大課題を分解し、小課題へと細分化 ②各小課題を達成可能な方策（アイデア）の検討 ③期待効果を評価し、有効な方策を選定
4. シナリオ（最適策）の追求	①小課題をすべて解決することで目標が達成可能か確認 ②方策（アイデア）に対し、具体的方法の検討 ③期待効果の予測 ④想定されるリスクや障害への対応策を検討
5. シナリオ（最適策）の実施	①実行計画の作成 ②担当者・関係者を明確化 ③計画を実行 ④必要なアウトプット（データなど）を取得
6. 効果の確認	①取得したデータの可視化（グラフ化） ②データの分析 ③目標に対する達成度の確認 ④不足の場合はステップ3に戻る
7. 標準化と管理の定着 　（歯止め）	①標準化（マニュアル、帳票の改訂など） ②標準を守るための教育・訓練
8. 反省と今後の計画	①活動の進め方の振り返り ②残された課題への対処の計画 ③今後の活動方針を検討

先生〜！
ボリュームがありすぎて覚えきれないよ！

すべてを暗記する必要はないから、各ステップの名称と、全体の流れを把握しておこう。もし会社に小集団活動（QCサークル）があれば、その中で実践された事例をみるのが一番だよ。

QCサークルか…確か社内で発表会が開催されていたから事例を探してみるよ。ありがとう。

第3章　演習問題

問題1

　次の文章において、□□□□内に入る最も適切な記号を、選択肢からひとつ選べ。ただし、各選択肢を複数回用いることはない。

①目標（あるべき姿）と悪くなってしまった現状のギャップを　(1)　という。一方、すでにあるべき姿は達成した上の、さらなる高い目標（ありたい姿）と現状のギャップを　(2)　という。

②仕事を実施する際の基本的なステップとして「PDCA」と「SDCA」がある。「PDCA」は業務のレベルを向上させる「改善活動」に使われ、「SDCA」は「維持活動」に使われる。ここで「PDCA」の「P」は　(3)　、「SDCA」の「S」は　(4)　のことである。

③問題解決型QCストーリーにおいて特に大切なのはステップ2の「　(5)　把握と目標の設定」、そしてステップ3の「要因解析」である。特に要因解析で問題の　(6)　を特定できるかどうかが、目標の達成度に大きく影響する。

④次の課題達成型QCストーリーにおける八つのステップを示した表において、
空欄に入る適切な記号を選べ。

No.	ステップ名
1	テーマの選定
2	課題の (7) と目標設定
3	方策の立案
4	(8) （最適策）の追求
5	(8) （最適策）の実施
6	効果の確認
7	標準化と管理の定着（歯止め）
8	反省と今後の計画

【選択肢】

ア.課題　　イ.標準化　　ウ.シナリオ　　エ.不適合　　オ.対策

カ.計画　　キ.現状　　ク.ストーリー　　ケ.問題　　コ.真実

サ.明確化　シ.真因　　ス.設定

解答欄

(1)	(2)	(3)	(4)	(5)	(6)	(7)	(8)

解答・解説

問題1

解答

(1)	(2)	(3)	(4)	(5)	(6)	(7)	(8)
ケ	ア	カ	イ	キ	シ	サ	ウ

解説

①「問題」と「課題」の違いに関する問題。目標(あるべき姿)と悪くなってしまった現状のギャップを「(1)ケ:問題」と呼び、すでにあるべき姿は達成した上の、さらなる高い目標(ありたい姿)と現状のギャップを「(2)ア:課題」と呼びます。改善活動の対象が「問題」なのかそれとも「課題」なのかを見極められることが大切です。

②「PDCA」と「SDCA」の意味に関する問題。「PDCA」は(3)カ:計画(Plan)、実施(Do)、確認(Check)、処置(Act)の頭文字を取ったものです。一方で「SDCA」は(4)イ:標準化(Standardize)、実施(Do)、確認(Check)、処置(Act)の頭文字です。

③問題解決型QCストーリーに関する問題。ステップ2は「(5)キ:現状把握と目標の設定」、そしてステップ3の「要因解析」で問題の「(6)シ:真因」を特定できるかどうかが、目標の達成度に大きく影響します。問題解決型QCストーリーはよく出題されるので、各ステップの名称と順番、そしてその内容を理解しておきましょう。

④課題達成型QCストーリーに関する問題。ステップ2は「課題の(7)サ:明確化と目標設定」、ステップ4は「(8)ウ:シナリオ(最適策)の策定」、ステップ5は「(8)ウ:シナリオ(最適策)の実施」です。問題解決型ほどではありませんが、こちらも出題されるので、各ステップの名称と順番は覚えておきましょう。

第4章

QC的ものの見方・考え方を知ろう!

重要度 ★★★

4-1　品質優先、品質第一

第2章では「品質」、第3章では「管理」がどんなものかを学んだね。第4章では品質管理を実践する上で重要な「QC的ものの見方・考え方」について学んでいくよ。

ふーん、QC的か…
見方や考え方で品質管理ができるとは思えないけどな〜
結局、製品を検査することが重要なんじゃないの？

検査はもちろん大切だけど、第2章で学んだように品質は従業員全員で作り上げていくものなんだ。だからひとりひとりの見方や考え方を揃えることはとても重要なんだよ。

へ〜、そうなんだ。
まぁ確かに見方や考え方が揃っていれば仕事も効率的かも。
じゃあ具体的にはどんな項目があるの？

全部で15個の項目があるんだけど、
まずは品質優先、品質第一の考え方から学んでいこう。

　企業は利益をあげなければ存続できません。そのために目先の利益を追求してしまいがちです。「品質優先・品質第一」とは、利益ではなく品質を第一と考え、「品質を確保した上でコスト低減を行う」という考え方のことです。

　しかしながら、現実はかんたんではありません。他社との価格競争、市場ニーズへの対応、短納期化などに対応しながら、なお品質を最優先するように徹底するには相当の覚悟が必要です。ですから従業員全員の品質意欲を高める

ためには、まず経営トップが先頭に立ち、品質の重要性を認識して熱意と信念を持って品質第一をやり抜く覚悟が必要となります。

また、従業員側も「判断に迷ったときは品質を最優先する」という心構えで仕事をすることが、結果的に会社を長く存続させ、安定した収入につながるということを理解しておく必要があります。

4-2　全部門、全員参加

「迷ったときは品質優先」か…
理由は分かるけど、正直、自分だけが違う意見を主張するのは勇気がいるよな〜

そうだよね。会社という組織の中で1人だけが品質優先で動いても意味はないんだ。だから「全部門、全員参加」という考え方が重要なんだよ。詳しく説明するね。

「全部門、全員参加」とは、職種（企画、開発、設計、生産技術、製造、人事、総務、営業など）や部署、立場（トップ、管理者、一般社員など）に関わらず全員参加で積極的に顧客・社会のニーズを満たす製品・サービスを提供する行動原則のことです。

組織には、さまざまな能力を持った人がいますよね。組織全体の目標に向かってひとりひとりがその能力を発揮し、与えられた役割を果たしていくことが重要です。

「全部門、全員参加」の実現に向けて特に必要になるのは、以下四つの取組みです。

1. 全員が納得できる組織目標の設定
2. ひとりひとりの役割と組織目標とのつながりを見える化
3. 組織（部門）の壁なく議論できる雰囲気作り
4. 必要な知識が習得できる教育の提供

　これらが揃って初めて全員が課題・問題に挑戦し、顧客・社会のニーズを満たす製品・サービスを提供していく土壌を培うことができます。

▼図4.1　全部門、全員参加

4-3　後工程はお客様

「顧客ニーズを満たすためにひとりひとりが与えられた役割を果たす」か…
そういえば、設計した図面に誤記があって生産現場から怒られたことがあったなぁ。

品質はひとりひとりの仕事がつながって成立するからね。
たとえ自分の仕事の受取手が社内の人であっても、きっちりこなさないといけないんだ。
そのために第2章でも登場した「後工程はお客様」という考えで仕事に取り組むことが大切なんだよ。
ちょっと考えてみよう。

　自分の仕事のアウトプットは、次工程のインプットとなります。つまり自分の仕事の良し悪しは「後工程の満足度」で測られるといってもいいですね。ひとりひとりが必要最低限の仕事で終わるのではなく、後工程が喜ぶような付加価値

を加えて提供することが、最終的なエンドユーザーの満足度向上につながります。

　特に大きな組織になるほど「組織間の壁」ができてしまい、自組織のタスクだけに集中していしまいがちです。なので常にひとりひとりが「自分にとってのお客様は誰か？」ということを意識して組織の壁を作らないことが重要です。

▼**図4.2　後工程はお客様**

お客様とは

①製品・サービスを
　購入してくれる人・企業

②自分が仕事をした結果を
　受け取る仲間

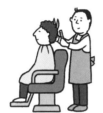

4-4　マーケット・イン、プロダクト・アウト

自分にとってのお客様か…ぼくの場合は図面を引き渡す生産技術や製造現場の人かなぁ。
でもやっぱり「エンドユーザーに自分が設計した製品を届けたい」って気持ちが先行しちゃうんだよね～

自分が担当した製品を使ってほしい！ってモチベーションはとっても大切だよね。でもそれが「プロダクト・アウト」になっていないかは注意が必要。生産者は「マーケット・イン」の考え方でないといけないんだ。

マーケット・インにプロダクト・アウト？
先生～急に難しい言葉出されてもさっぱりわからないんですけど。早く解説して～

　「マーケット・イン」とは、顧客のニーズを把握し、それらを満たす製品・サービスの提供を優先する考え方です（消費者指向）。一方で「プロダクト・アウト」とは、企業の都合で一方的に作ったものを売りさばく生産者側の考え方です（生産者指向）。どちらが大切かはいうまでもありませんよね？

　マーケット・インを実践するには、まず「お客様は誰か」ということを明確にするため顧客の特定を行います。そして第2章で学んだQCDSME（組織活動の6大目標）の視点でお客様はどんな製品・サービスなら満足してくれるかを調べ、それを市場に投入する必要があります。

　このようにお客様が求める商品・サービスを提供し続けることで、結果的に会社も繁栄できるという、双方の利益を考えることを「Win－Winの思想」と呼びます。

▼図4.3　マーケット・インとプロダクト・アウト

マーケット・イン	プロダクト・アウト
顧客を特定し、どんな製品・サービスなら満足するかを調査し、製品を投入。	企業の都合で作ったものを消費者に売りさばく。

4-5　目的志向

マーケット・インか…今までは意識できていなかったなぁ…今度の新型モーターの開発では「お客様のニーズに基づく製品か？」という視点でチェックしてみるよ。

うん、マーケット・インは企業として絶対に忘れてはいけない考え方だから、しっかりチェックしてね。ちなみに、新型モーターにはどんな項目を盛り込む予定なの？

え…上司からは既存製品に対して「出力5％UP」と「10％軽量化」の二つを特に盛り込んで欲しいといわれてるよ。

それはどんな目的のために？

え…目的っていわれても困るなぁ。上司の指示があったからそれを達成する必要があるとしか考えてなかったよ…

どんな仕事でも目的を理解しなくては良い仕事はできないんだ。だから「目的志向」という考え方が大切なんだよ。詳しく解説するね。

　「目的志向」とは、何をするにしても「その目的は何か？」「今やろうとしていることは目的を達成するために最適な行動か？」と常に自問自答する考え方のことです。特に「目的を設定する過程が論理的か？」、「その目的が正しいか？」という視点は非常に重要で、目的志向を怠ると、無駄な仕事をしてしまったり、お

客様に迷惑を掛ける結果となります。

　たとえば、会社トップから「経費を削減しなさい」という指示がでたとき、とにかく経費を減らすために「外部委託していた業務をすべて社内で実施する」という対策を行ったとします。その結果、従業員の残業時間が増え「削減した経費 ＜ 増えた人件費」となってしまっては意味がありません。これは経費を削減する目的が「会社の財務改善」であると意識できていなかった結果といえますね。

4-6　源流管理

常に目的を意識していないと、無駄な仕事をしてしまったり、お客様の満足が得られなかったりするんだね。
これからは目的志向をちょっと意識してみようかな〜

ちなみにあきら君は設計の仕事をしているけど、品質保証に大切なのは製造や検査ではなく、むしろ企画や設計など「より上流の仕事」って知ってる？

え…そうなの？　できばえの品質を保証するんだから、製造現場や検査が大切に思えるけどなぁ。
それは何でなの？

なぜなら品質不具合を未然に防止するのは製品・サービスを生み出す流れの「より上流（源流）のほうが効率的かつ効果的だから」なんだ。
その考え方を「源流管理」と呼ぶよ。
詳しくみてみよう。

　「源流管理」とは、「製品・サービスを生み出す、より上流（源流）のプロセスを維持・改善・革新することで効率的かつ効果的に品質保証を達成する体系的な活動」のことです。図4.4のイメージのように、一般的に不具合対応にかかるコストは市場に比べて製造段階、さらには企画・設計段階の方が安く済みます。

そして企画・設計段階のほうが対策の自由度も高いので効率的といえますね。

　源流でプロセス改善や過去不具合の再発防止を行う具体的なやり方としては、製品開発における設計審査（Design Review：DR）が有効です。DRでは品質やコストに関する不具合事項を予測し、その要因に対する是正・改善を行います。また知見者が集まり検討（Review）を行うことで、対策漏れを防止します。

▼図4.4　源流管理

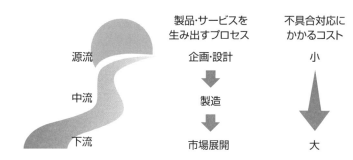

4-7　QCD＋PSME

今までは製造現場での品質ばかりに着目していたけど、実は自分が担当している設計が品質保証においても大切だったなんて…
プレッシャーだなぁ…

会社やお客様のためにも源流で品質を造り込むことが非常に重要といえるね。具体的には「QCD＋PSME」の7項目を管理し、品質を造り込む必要があるんだ。

第2章で出てきた組織活動の6大目標（QCDSME）とは何が違うの？
一つ増えてるんですけど～

組織活動の6大目標は「消費者が企業に要求する項目」であるのに対して、「QCD＋PSME」っていうのは「企業が社内で管理するべき項目」なんだ。だからP（Productivity：生産性）って項目が加わっているんだよ。詳しく解説するね。

QCD＋PSMEを整理すると以下のようになります。企業活動においては、これらの項目を管理・改善し、広義の品質を向上させていくことが重要です。

▼表4.1　QCD＋PSME

	項目名	意味	具体例
Q	Quality	品質、質	不適合品率、特性値の工程能力指数など
C	Cost	コスト、原価	製品原価、ライン人件費、製品輸送費など
D	Delivery	納期	納期遵守率など
P	Productivity	生産性	1日あたりの生産数、ライン稼働時間など
S	Safety	安全	事故発生件数、無災害継続期間など
M	Moral, Morale	倫理、士気	欠勤率、改善提案件数など
E	Environment	環境	CO_2排出量、排水基準遵守率など

4-8　事実に基づく管理、三現主義、5ゲン主義

へ～…これら七つの項目に着目して品質を造り込む必要があるんだね。これから設計するときはちょっと意識してみるよ。

うん。当然だけど企画・設計では達成できない項目もあるから、従業員全員で目指す必要があるけどね。何度もいうけど源流での対策が重要だから頑張って！

よーし！　そうと決まれば張りきって新製品の設計に取り組むぞー！
…って、あれ？　今メールを見たら工場の品質管理部署から「生産ラインで品質不具合発生！　至急、連絡ください」って…また不具合対応だよ〜

品質不具合は残念だけど、QC的ものの見方・考え方を教える良い機会かも。
自分も協力するから、一つずつ改善していこう。

ありがとう、助かるよ（泣）。
でも不具合対策って具体的に何から始めるべきなんだろう？？

不具合対応に限らず品質管理の大切な考え方に「事実に基づく管理、三現主義、5ゲン主義」ってものがあるよ。まずはデータで事実を確認することが大切なんだ。詳しく解説するね。

　「事実に基づく管理」とは、勘や経験ではなくデータで事実を確認し、物事を判断していく管理方法です。データでものをいうといった言い方もします。

　たとえば、品質不具合が発生したら、「まず、データで現状把握し、原因を調べる。そして改善効果をデータで評価し、維持管理もデータで行う」という形で、すべてデータに基づき判断をします。正しい判断をするためにも「事実を的確に把握できるデータの質が大切」という点はいうまでもありませんよね。

　「三現主義」とは、「現場に行って現物を観察して現実的に検討する」こと。問題解決では物事の本質を正しく認識することが解決への近道です。人から聞いた話や、勘や経験で判断をするのではなく、三現主義で判断することが重要といえます。また三現主義で現状が把握できても問題解決が困難な場合は、「原理」と「原則」を加えた5ゲン主義でのアプローチが有効です。物事のメカニズムに着目することで真因を捉え、本質的な解決を目指します。

▼図4.5　事実に基づく管理

4-9　見える化、潜在トラブルの顕在化

まずは自分が現場に行って、三現主義で事実を確認することが重要なのか〜
そのために不具合に関する正しいデータを取得する訳ね…
ちょっとめんどくさいけどやってみるかなぁ。

うん。その通りだよ。
そしてデータを取得したら「見える化」を行うんだ。

見える化？？
また新しい言葉が出てきたな…
分かりやすく解説お願いしまーす。

　「見える化」とは、問題や課題など、さまざまなことがらを「関係者全員が認識できる状態にすること」です。その目的は二つで、一つ目が「潜在トラブルの顕在化」つまりまだ明らかになっていないトラブルを事前に把握できるようにすること、そして二つ目は「問題が起きたときに解決すること」です。
　また、見える化は「可視化」や「目で見る管理」ともいわれます。見える化を検

討することで問題解決の糸口が見えたり、関係者と共通認識を持って課題達成に臨むことができるようになります。具体的には工程別の不適合品率データをグラフ化したり、業務プロセスをフローチャートで示すことで見える化します。

4-10 重点指向

工場で製造部の人に話を聞いたら不具合が発生しやすい生産ラインがあるんだって。
だから生産ライン別の不適合品率をグラフにして「見える化」してみたよ～

それは素晴らしい！　さっそく実践できたね！
データをグラフにできたら「重点指向」で取り組む項目を絞り込むんだ。詳しく解説するね。

「重点指向」とは、「目的・目標のために、結果に及ぼす影響を予測・評価し、優先順位の高いものに絞って取り組むこと」です。会社が投入できるリソース（お金・人数・時間）は限られていますよね？　すべての問題に手を打つのではなく「効果が大きい項目」、「より重要な項目」を選択して解決していくことが必要です。そういった意味から、重点指向は経営用語で「選択と集中」と表現されることもあります。

また、重点指向を実践する上で相性の良いQC七つ道具が「パレート図」です。こちらは第8章で詳しく解説しますので参考にしてくださいね。

でも、要するに優先順位が低いものは見捨てるってことだよね？　本当にそれでいいの？

もちろん重点指向のみに徹すれば良いわけでもありません。問題解決は部分最適ではなく、全体最適で行う必要があります。部分最適とは、組織（システム）において、それぞれの部署（要素）で個々に機能の最適化を図ることで、局

所最適、自部門最適などと呼ばれることもあります。一方で全体最適とは、組織（システム）全体の最適を図ることです。ですので重点指向を基本としながら、前工程や後工程への影響も加味した上で対策を選択することが重要ですね。

▼図4.6　工程内不適合件数のパレート図の例

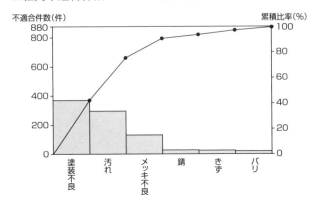

4-11　ばらつきに注目する考え方

基本は効果の大きいものを見極めて対策しろってことね。
僕が入手した不適合品率のデータをパレート図にすると「生産ラインB」の不適合品率が高そうだよ。

うん、ならその生産ラインBのデータに着目してみようか。
問題となっている特性値は分かる？

品質管理部の人が調べてくれた情報によると、「モーター出力」の値が規格から外れるらしいんだ。

なるほどね。データを確認する視点として「ばらつきに注目する」ことが非常に重要だよ。
具体的には「管理図」を確認するのが有効なんだ。
詳しく説明するね。

品質管理は「ばらつきとの戦い」といっても過言ではありません。同じ材料、同じ設備、同じ条件で生産した製品でも必ずばらつきがあります。たとえば、あなたがお持ちのスマートフォンも、たとえ人と同じモデル・型式だとしても寸法などは僅かに異なります。ただそれが人では認識できない程度のばらつきだということです。

そのばらつきを適切なレベルに管理するための代表的なツールが「工程能力図」や「管理図」（第8章参照）です。ばらつきを定期的に確認し、異常な傾向がみられたら、その原因を追求・対策し、安定した工程を維持します。

でも本当にばらつきを管理するなんてできるの？
偶然が重なって不具合になることもあるよね？

ばらつきは完全に無秩序ではなく、ばらつきの原因となる要因が必ず存在し、ばらつきには特徴があります。その特徴をうまく捉えて、原因を追求する考え方を「ばらつきに注目する」または「ばらつき管理」と呼びます。

▼図4.7　工程能力図によるばらつき管理の例

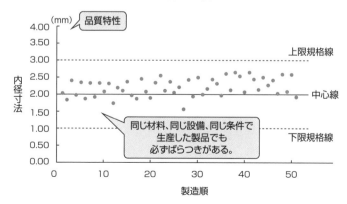

4-12　特性と要因、因果関係

> 製造現場の人から「モーター出力の管理図」をもらったよ。現場の人いわく、約1週間前から「ばらつき」が大きくなっているらしいんだ。

> いよいよ原因究明に近づいてきたね。
> 今回の場合「特性値」は「モーター出力」だから、次は特性に影響を与える「要因」を考察して、その「因果関係」を追求するんだ。
> 詳しく説明するね。

　「特性」とは、「そのものだけが持つ特別な性質」のことです。これを数値化したものを「特性値」と呼びます。さらに品質の評価指標となる性質・性能を「品質特性（第2章参照）」と呼びます。

　また「要因」とは、「ある現象（不具合など）を引き起こす可能性のあるもの」または「結果に影響を及ぼすと思われる変数」のことです。その中でも現象との因果関係が明確になったものを「原因」と呼びます。

　特性値の時系列的な変化を確認するには「QC七つ道具」の「管理図」を確認することが有効です。「管理図」にはいくつかの種類がありますが、今回の管理図は横軸に時間（群の番号）、縦軸に特性値の平均値$\bar{X}$をとった「$\bar{X}$管理図」と、横軸に時間（群の番号）、縦軸に特性値の範囲Rをとった「R管理図」です。

　「$\bar{X}$管理図」が平均値の変化を、「R管理図」がばらつきの変化を表しています（詳細は第8章　8-12節〜8-17節を参照のこと）。

▼**図4.8 $\bar{X}$-R 管理図の例**

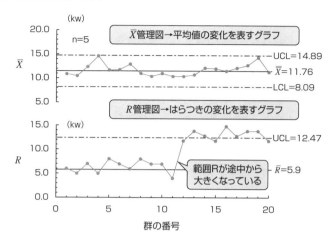

確かにもらった管理図を見ると
途中から「R管理図」の値が大きくなっているね。
これは何でだろう？

いいところに気がついたね。
「R管理図」の値はばらつきの大きさを表しているんだ。
工程が安定状態にあるときのばらつきは「偶然原因」によるもの、一方で今回のような急な変化は「異常原因」によるものなんだよ。

　品質管理において重要な「データのばらつき」には、「偶然原因」と「異常原因」という2種類の原因があります。偶然原因とは、同じ条件で繰り返し作業をしても発生するばらつきで、現在の技術・標準では抑えられない原因のことです。一方で異常原因とは、品質に影響する項目に何かしらの異常が起こって発生するばらつきで、現在の技術・標準で認知されている原因のことです。

改善においては「異常原因」に注目して解決を目指すことが大切だよ。
今回の場合なら傾向が変化した日の変更点を確認してみるとか。

変更点か…確か「変更点管理表」があったような…
あ！　1週間前に「モーター出力」に影響する「コイルの巻線工程」で設備故障が発生して、修理があったみたいだよ！
設備の調整ミスが原因かも。

4-13　応急対策、再発防止、未然防止

とにかく原因が分かってよかったね。
対策は進んでいるのかな？

それが製造部の話だと、設備の調整方法が複雑で正しい設定にするのがとても難しいみたいなんだ。
でも、調整ミスだからこれは製造責任だよね？
結局、再調整で処置してもらうことになったし。
まったく、呼び出されて時間を無駄にしたな〜

そんな対応してるとまた呼び出されるよ？
応急処置ではその場しのぎになってしまうから、絶対にそこで終わってはいけないんだ。「再発防止」をしないと。

再発防止か〜よく上司からいわれるけど、いまいち理解できていないんだよね〜
つまりどういうことなの？

　「再発防止」とは、根本的な原因を対策し、二度と問題を発生させない対策のことです。一方で「応急対策（応急処置）」とは、原因が分からないまま当面の現象を解消する「その場しのぎの対策」です。問題への対策は「再発防止」を基本とし、再発させないようにしっかりと歯止めをかける必要があります。

　「再発防止」よりも高いレベルの活動として、同じ問題を他の製品や生産ラインで発生させないために、対策を横展開する「未然防止」、さらに不具合を未然に予測し、事前に予防する「予測予防」があります。「予測予防」を実現する具体的な方策としては、製品設計時や工程設計前に、知見者で集まりFMEA（第5章参照）を作成する方法が有効です。

▼**表4.2　対策の種類とそのレベル**

対策レベル	種類	適用場面
高	予測予防	製品企画・設計、工程設計
中	未然防止	類似製品・生産ラインへの横展開
中	再発防止	一般的な不具合対策
低	応急対策	再発防止に時間を要するとき

4-14　プロセス重視

再発防止と未然防止、それに予測予防か〜正直めんどくさそうだな〜　結果的に不適合品は流出してないんだから、そこまでの対応は要らないんじゃないの？

そんなことはないよ。品質管理では結果を生み出すプロセスを改善して、品質を造り込むことが非常に重要なんだ。この考え方を「プロセス重視」と呼ぶよ。プロセス重視の仕事が製造現場からの呼び出しを少なくして、結果的にあきら君を楽にするからちょっと聞いてみない？

え、そうなの？？
現場からの呼び出しが減ったら確かに嬉しいな・・・
なら聞いてみるよ。なるべく簡潔に教えてね。

　「プロセス重視」とは、「改善活動などの結果（品質特性）だけではなく、その結果を生み出すプロセスに注目して改善する考え方」です。改善活動では結果に注目が集まりがちですよね？　しかし、結果だけに着目すると、応急対策で終わってしまい、不具合が再発する可能性があります。

　品質管理には、「品質（結果）は工程（プロセス）で造り込め」という言葉があります。これは結果としての品質特性を管理しながら、異常があればその原因を追求し、工程（プロセス）を改善する。その積み重ねによってばらつきは少なくなり、安定した品質を維持できるようになるという意味です。

　具体的には以下の3項目にてプロセスを重視した管理を運用するのが重要です。

1. QC七つ道具の特性要因図（第8章参照）などを用いて結果（品質特性）と原因（要因）の因果関係を調べる工程解析を十分行う。
2. QC工程図（第5章参照）により要因の管理項目と品質特性の管理方式を明確にする。
3. 管理図等を用いて管理項目と品質特性を監視し、異常があれば工程（プロセス）を改善する。

▼図4.9　プロセスを重視した管理

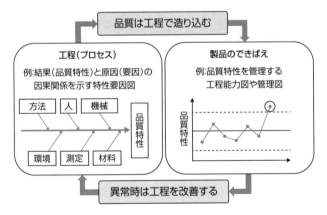

4-15　人間性尊重、従業員満足（ES）

関係部署ともう一度話し合って、再発防止のために「誰でも設備を調整できる治具を作成する」、未然防止のために「新製品には設備のメンテナンス性も考慮したコイル構造を採用する」ことで合意したよ。

うん、良い対策だね。もうこの案件で呼び出されることはないと思うよ。
最後に自分が最も大切だと考えてる項目を説明するね。
それが「人間性尊重、従業員満足」なんだ。

え？　従業員満足！？
でも、今までは散々「お客様第一」っていってきたよね？　ここで手の平を返すの？？

もちろんお客様第一は大切だよ。でも従業員が満足していない職場から良いものは生まれないんだ。
たとえば、あきら君が毎日、不具合対応ばかりさせられていたらどう？　モチベーションは上がる？

いや～まったく上がらないね。
それは想像するだけで大変だし、苦しいよ。

だよね。
逆に自分の携わった製品の品質が認められたり、褒められたらどう？　次はもっと良いものを生み出そうって気にならない？
結局、製品・サービスを生み出すのは人間。だから「人間性尊重、従業員満足度」はとっても大切なんだ。

自分も今までは上司にいわれたことをこなす毎日で、正直、仕事へのモチベーションはなかったなぁ。
でも今回、自分の力で再発防止ができたことで、少し品質管理が面白くなってきたよ。

品質管理の嬉しさを実感してもらえたみたいだね。
でも、まだまだ知っておくべき知識が沢山あるから、この調子でどんどん学んでいこう！

「人間性尊重」とは、「人間性（自分の意思を持って、自発的にやっていく、頭を使ってよく考える、人間らしさ）を尊重することが人間の無限の能力を発揮させることに繋がる」という考え方です[1]。人間の持つ感情を大切にし、創造力、企画力、判断力、行動力、指導力といった個々の能力を最大限に発揮することが大きな成果へとつながります。

また、人間性尊重を実現するためには、以下の四つが重要と考えます。

1. ひとりひとりが挑戦できる課題をもつ。
2. 課題の達成に向けて自ら学び、創意工夫を重ねてやり遂げる。
3. 上司は課題を達成した部下を認め、適正に評価する。
4. 上司はたとえ部下が失敗しても自尊心を傷つけない叱り方をする。

これらの総合的な指標となるのが「従業員満足（Employee Satisfaction：ES）」です。企業が発展を続けるためには、働く人の人間性を尊重し、従業員満足が高い、働きがいのある職場であることが不可欠です。なぜならESの高い職場は、製品やサービスの質の向上が見込めるため、顧客満足（Customer Satisfaction：CS）の向上にもつながるからです。

さらに2019年4月1日からは「働き方改革関連法」が順次施行され、政府から「多様な働き方を選択できる社会を実現し、働くひとりひとりがより良い将来の展望を持てるようにする」ことを目指す「働き方改革」が打ち出されました。企業は従業員満足をより一層大切にして、ひとりひとりが生き生きと働ける社会を目指していく必要がありますね。

[1]　参考文献　石川馨「日本的品質管理は経営の１つの思想革命か？」日本品質管理学会「品質」1980年10巻4号 p.9

第4章　演習問題

問題1

次の文章において、 ____ 内に入る最も適切な記号を、選択肢からひとつ選べ。ただし、各選択肢を複数回用いることはない。

①品質管理における「お客様」とは、商品やサービスの購入先だけをいうのではなく、各自・各工程における仕事の結果の影響を受ける人や工程すべてをお客様という。この考え方を「 (1) はお客様」という。

②顧客のニーズを把握してこれを満たすように製品やサービスを提供していく取り組み方を (2) といい、会社の都合で一方的に物を作り売っていくやり方を (3) という。

③製品やサービスが市場で不具合を起こすことがないように、製品やサービスを生み出す、より上流のプロセスにて維持・管理・改善を行い、効率的かつ効果的に品質保証を達成する活動を (4) と呼ぶ。

④ (4) のための一つの方法として、過去の経験やトラブル・失敗を参考にしながら品質やコストに関する不具合事項を予測し、設計段階で不具合要因に対する是正・改善を行う (5) がある。 (5) では設計・製造・検査などの知見者（専門家）が参加して設計内容の評価・検討を行う。

⑤勘や経験ではなくデータを確認し、物事を判断していく管理方法を「 (6) に基づく管理」と呼ぶ。特に問題解決において、物事の本質を正しく認識するためには、現場に行って現物を観察して現実的に検討する (7) 主義が重要となる。

【選択肢】

ア. 前工程	イ. マーケット・イン	ウ. 設計監理
エ. マーケット・アウト	オ. FR	カ. 後工程
キ. 事実	ク. 源流管理	ケ. DR
コ. 三現	サ. プロダクト・アウト	シ. 5ゲン
ス. 取引先		

解答欄

(1)	(2)	(3)	(4)	(5)	(6)	(7)

（解答・解説は p.89 を参照）

問題2

　次の文章において、□□□ 内に入る最も適切な記号を、選択肢からひとつ選べ。ただし、各選択肢を複数回用いることはない。

①目的・目標のために、結果に及ぼす影響を予測・評価し、優先順位の高いものに絞って取り組む考え方を [(1)] と呼ぶ。

②品質管理における「データのばらつき」には [(2)] 原因と [(3)] 原因の2種類の原因がある。[(2)] 原因とは同じ条件で繰り返し作業をしても発生するばらつきで、現在の技術・標準では抑えられない原因のこと。一方で [(3)] 原因とは品質に影響する項目に何かしらの [(3)] が起こって発生するばらつきで、現在の技術・標準で認知されている原因のことである。

③問題発生時に原因を排除して正常な状態に戻すという取り組みは、品質管理における重要な活動の一つである。問題の根本的な原因を究明し、二度と同じ原因で問題を発生させないように対策する取り組み方を [(4)] という。

④企業において、従業員の人間らしさを尊び、重んじ、人間として能力を十分に発揮できるようにする「人間性尊重」の指標となるのが [(5)] である。[(5)] を高めることで個々の能力は最大限に発揮され、その結果として製品やサービスの質は向上し、最終的には顧客の満足度を示す [(6)] の向上にも繋がる。

【選択肢】

ア．ES　　　イ．CS　　　ウ．プロ　　　エ．未然防止　　　オ．重点指向
カ．再発防止　キ．異常　　　ク．源流管理　　ケ．DS　　　　　コ．目的志向
サ．全員参加　シ．偶然　　　ス．必然

解答欄

(1)	(2)	(3)	(4)	(5)	(6)

(解答・解説はp.90を参照)

解答・解説

問題1

解答

(1)	(2)	(3)	(4)	(5)	(6)	(7)
カ	イ	サ	ク	ケ	キ	コ

解説

①仕事に取り組む考え方についての問題。「(1)カ：後工程はお客様」が正解です。「お客様」というと「最終的に製品・サービスを購入してくれる人・企業（エンドユーザー）」と考えがちです。しかし、会社のひとりひとりが、「自分が仕事をした結果を受け取る人（後工程）すべてがお客様」と考えて仕事に取り組むことは、製品・サービスの質向上、さらにはエンドユーザーの満足度向上に繋がります。

②製品・サービスの生産者側に求められる考え方に関する問題。顧客ニーズを満たす製品・サービスを提供していくことを優先する、消費者指向の考え方を「(2)イ：マーケット・イン」、企業都合で一方的に作ったものを売りさばく、生産者指向の考え方を「(3)サ：プロダクト・アウト」と呼びます。

③製品やサービスを生み出す、より上流のプロセスにて維持・管理・改善を行い、効率的かつ効果的に品質保証を達成する活動を「(4)ク：源流管理」と呼びます。一般的に不具合対応にかかるコストは、プロセスのより上流（源流）にさかのぼって対策をするほど安く済みます。

④源流管理の具体的な方法に関する問題。(5)ケ：DR（設計審査：Design Review）が正解です。略す前の英単語とその意味を覚えておきましょう。DRには各専門家が集まり、利用している技術、構造の適切さ、過去トラブルへ

の対応状況、検討に漏れがないかなどを評価・検討します。

⑤勘や経験ではなくデータで事実を確認し、物事を判断していく管理方法を「(6)キ：事実に基づく管理」と呼びます。そして「現場に行って現物を観察して現実的に検討する」考え方は三つの「現」を確認することから「(7)コ：三現主義」と呼ばれます。さらに物事のメカニズムに着目し、「原理」と「原則」を加えた「5ゲン主義」で問題の真因を追求する考え方もよく出題されるので覚えておきましょう。

問題2

解答

(1)	(2)	(3)	(4)	(5)	(6)
オ	シ	キ	カ	ア	イ

解説

①目的・目標のために、結果に及ぼす影響を予測・評価し、優先順位の高いものに絞って取り組む考え方を「(1)オ：重点指向」と呼びます。重点指向を実践するにあたっては「パレート図」がよく使われます。パレート図は「対象項目を出現頻度順に示したグラフ」であり、特に問題解決型QCストーリーのステップ2「現状の把握と目標設定」にて改善対象の絞り込みに使われます。

②データのばらつき原因に関する問題。データのばらつき原因には制御することができない「(2)シ：偶然原因」と、何かしらの異常によって発生する「(3)キ：異常原因」があります。改善においては「異常原因」に注目して解決を目指すことが大切です。

③不具合対策の種類に関する問題。問題の根本的な原因を究明し、二度と同じ原因で問題を発生させないように対策する取り組み方を「(4)カ：再発防止」と呼びます。不具合対策は再発防止を基本として、不具合が発生する前に対策をする「未然防止」や「予測予防」を目指すことが大切です。

④満足度の評価指標に関する問題。従業員の満足度を示す指標は「(5)ア：ES：従業員満足（Employee Satisfaction）」と呼び、顧客の満足度を示す指標は「(6)イ：CS：顧客満足（Customer Satisfaction）」と呼びます。英単語とその意味を覚えておきましょう。

第5章

品質保証の仕組みを知ろう！

重要度 ★★★

5-1　品質保証とは

 第4章では品質管理において重要な「QC的ものの見方・考え方」を学んだね。この第5章ではもう少し広い視点で企業が「品質を保証する仕組み」について学んでいくよ。

品質を保証ねぇ…
家電製品によくある「購入から1年間保証！　故障したら無料で修理します！」っていうあれのこと？

 うん、あれも一つのやり方だね。
当然、無料保証するためには故障数が一定以下でないと、ビジネスとして成り立たないから、企業は会社全体で品質を保証するための「仕組み」を作っているんだよ。

へ～！　そんな仕組みがうちの会社にもあるのかな？
詳しく教えてよ。

 OK。
ならまずは「そもそも品質保証って何？」というところから話そうか。

JIS Q 9000：2015において、**品質保証**とは、「**品質要求事項が満たされるという確信を与えることに焦点を合わせた品質マネジメントの一部**」と定義されています。

あ～　もうこの時点で無理！　意識が遠のいてきた。
もっと分かるように説明してよ。

参考文献　JIS Q 9000:2015 (https://kikakurui.com/q/Q9000-2015-01.html)

わかったわかった(笑)。
具体例を入れて解説するからよく聞いてね。

　前述のように品質保証は「品質マネジメントの一部」とされています。品質マネジメントとは、「品質に関する方針および目標を達成するために組織を指揮し、管理するための調整された活動」のこと。たとえば、

・企画段階で顧客ニーズを把握する(ニーズ調査)。
・研究開発、設計段階で図面品質を確保する。
・生産準備段階で工程設計品質を確保する。
・日々の生産にて製造品質を確保する。
・出荷時に検査等でできばえの品質を確認・記録(トレース)する。
・販売時に品質確認の事実を知らせる(検査証明書など)。
・万が一の場合は補償責任を負うことを告知する(保証書、PL、アフターサービス)。
・顧客・社会のニーズが満たされているかを継続的に評価・把握する。

　このような一連のプロセスが確実に行われて、はじめて顧客に対し「品質要求事項が満たされるという確信を与える」ことができます。このような品質を保証するためのプロセスを確立する活動を「プロセス保証」と呼びます。

5-2　結果の保証とプロセスによる保証

プロセス保証かぁ。
確か第4章でも「プロセス重視」って考え方が出てきたけど、何が違うの?

「結果だけでなくプロセスを大切にしよう」って考え方は同じだよ。ただ「プロセス重視」は製造現場で品質管理を行う際の考え方だけど、「プロセス保証」は製品企画からアフターサービスまで一連のプロセスで顧客への品質を保証する活動なんだ。

やっぱり検査だけでは不足ってことなのかな？
全社的に品質を保証する体制を作るのは結構大変だと思うんだけど。

昔は「検査だけで保証しよう」って考え方だったんだけど、次第に「プロセスで保証しよう」って考え方に変わってきたんだ。
その背景を含めて説明するね。

　「検査で品質を保証しよう」という考え方を「結果の保証」と呼びます。この考え方は「とにかく物を作って、品質特性を検査した結果、基準に満たないものは売らない（廃却）」というスタンスで、1950年代頃までではこれが主流でした。その後、高度経済成長による大量消費の時代になると、検査工数や、廃却金額が無視できない規模となり、最初から基準を満たすものを作る「プロセスによる保証」の考え方へと変化していきました。

　この考え方の変化に大きな影響を与えた人物としてデミング博士（W.E.Deming）とジュラン博士（J.M.Juran）がいます。彼らは戦後まもなく来日し、日本の品質管理を改善するため「QCの導入と普及」を行いました。

　デミング博士は統計的品質管理（SQC）の指導を、ジュラン博士はQCを製造・検査から経営管理へ拡張する方法を紹介し、彼らの教えが4-13節で紹介した「品質（結果）は工程（プロセス）で造り込め」という活動に発展していきました。

▼図5.1　品質保証における考え方の変化

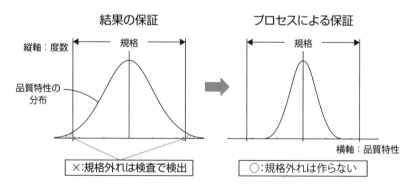

5-3　新製品開発における品質保証

（1）品質保証体系図

> 「プロセス保証」が品質保証において重要ってことは
> わかったよ。
> それで、結局のところ僕は何をやればいいわけ？

> 組織的にプロセス保証を実践する上で有効なツール
> となるのが「品質保証体系図」なんだ。これを見れば
> あきら君の所属している設計部がどんな役割を担っ
> ているのか一目瞭然だよ。

> へ〜そんな便利な図があるんだね。
> うちの会社にもあるのかな？
> 詳しく教えてよ。

　「品質保証体系図」とは、縦軸に製品開発のステップ（製品企画からアフター
サービスまで）、横軸に品質保証活動に関係する全部署名を示し、各ステップに
おいてどの部署が品質保証に関するどのような活動を行うかを「フローチャート
形式」にて示した図です。

　品質保証体系図を作成することで、保証業務と保証部署が明確となり品質保
証体系の「見える化」が可能となります。特に運用する上では、各ステップが完
了となり、次ステップへ移行するための「判定基準」と「判定者」を明確にしてお
くことが重要です。

▼図5.2　品質保証体系図の例

分類	保証ステップ	会議体	帳票	営業	開発	品質保証	生産技術	製造
商品企画	商品企画・決定 → 設計構想決定	企画評価会議 / 計画図レビュー	商品企画書 / 構想計画図	○	○	○	－	－
製品開発	研究試作・評価 → 品質目標決定 → 商品化決定	試作評価会議 / 試作図レビュー	FMEA/FTA 品質展開表 / 研究試作図	－	○	○		
製品設計	品質目標調整 → 試作・評価 → 設計品質評価	正式図レビュー / 生産準備移行審議	FMEA/FTA 品質展開表 試作図面 正式図 管理特性表	－	○	○	○	
生産準備	工程・検査計画 → 仕入先決定 → 工程整備 → 初品品質評価	工程審査 外注審査 工程整備完了確認会 初品品質確認会	QC工程表 工程のFMEA 設備評価表 作業標準書 検査規格 受入検査表	－	○	○	○	○
生産	工程維持・改善 → 量産移行 → 出荷評価	量産移行審査	作業標準書 保全手順書	－	－	○	○	○
販売・サービス	販売 → アフターサービス	品質検討会	－	○	－	○	－	－

（2）品質機能展開（QFD）

> 上司に確認したらうちの会社にも「品質保証体系図」があったよ。それによると設計部は「新製品の企画〜図面の出図」までが主な担当みたい。
> そのあたりを効率的に進める手法はないの？

> OK！　それなら「品質機能展開（QFD）」という手法が有効だよ。
> 主に新製品の企画段階で使用する手法なんだ。
> 詳しく説明するね。

「品質機能展開（Quality Function Deployment：QFD）」とは、「製品に対する品質目標を実現するために、さまざまな変換及び展開を用いる方法論」のことです。その一例として「品質表」があります。

　品質表とは、「顧客の要求品質と製品の品質特性をマトリックス図にて整理した表」のこと。この表によって顧客の要求が漏れなく製品仕様に展開され、製品設計に盛り込まれているかを確認することができます。

▼図5.3　ウィンドウワイパーにおける要求品質と品質特性の品質表

要求品質 1次	2次	3次	除去時間が短い	除去面積が広い	細かい雨滴を除去できる	大粒の雨滴を除去できる	除去後のくもりが少ない	水あか残りが少ない	静かに除去できる	均一に除去できる	除去時間が短い	除去面積が広い	ワイパーが歪まない	均一に除去できる
性能	雨滴除去性能	視界80%以上		◎	◎	◎				○				
		除去時間3秒以内	◎											
		ノイズ50db以下							○					
		水分残り量8.0g以下		◎	◎	◎	○	○						
		除去ムラなきこと					△	○		◎				
	霜除去性能	視界80%以上										◎		○
		除去時間3秒以内									◎			
		ノイズ50db以下											△	
		ワイパー曲がり1.0mm以下											◎	
		除去ムラなきこと												

（3）品質保証のプロセス、保証の網（QAネットワーク）

品質機能展開（QFD）、そして品質表か。
確かにこれを使えばお客様の要望を漏れなく盛り込めそうだね。
他にも便利な手法があるの？？

次は設計段階の手法ではないんだけど、生産準備段階での品質保証に役立つ「QAネットワーク」を紹介するよ。

QAネットワーク？
どんな手法なの？　詳しく教えてよ。

　「QAネットワーク（保証の網）」とは、「想定される不具合をどの工程で予防し、もし発生した場合はどの工程で流出防止を実施するのかをまとめた図」です。図5.4に示す例のように、想定される不具合項目と各工程のマトリックス図となっています。

▼図5.4　QAネットワーク（保証の網）の例

工程 不具合・誤り または製造保証項目 （発生防止：○　流出防止：●）		部品受入工程			組付工程				検査工程		保証レベル		改善事項		改善後の保証レベル
		基板搬入	コネクタ搬入	ネジ搬入	コネクタ組付	コネクタネジ締め	シリアル刻印	はんだ付け	はんだ外観検査	性能検査	現状	目標	内容	期限	
受入	基板異品	○	-	-	-	-	-	-	-	●	B	A	基板チェック追加	8/23	A
	ネジ異品	-	-	○	-	●	-	-	-	-	B	B	-	-	-
	コネクタ異品	-	○	-	●	-	-	-	●	-	A	A	-	-	-
刻印	シリアルNo.刻印忘れ	-	-	-	-	-	○	-	-	●	B	A	シリアルチェック追加	9/15	A
	シリアルNo重複	-	-	-	-	-	○	-	-	●	B	B	-	-	-
コネクタ組付	コネクタ傾き	-	-	-	○	-	-	-	●	-	B	A	着座チェック追加	8/27	A
	端子抜け	-	-	-	○	-	-	-	●	-	A	A	-	-	-
	コネクタ欠品	-	-	-	○	●	●	-	●	-	A	A	-	-	-
ネジ締め	ネジ欠品	-	-	-	-	○	-	-	●	-	B	B	-	-	-
	ネジ浮き	-	-	-	-	○	-	-	●	-	B	B	-	-	-
	ネジ傾き	-	-	-	-	○	-	-	●	-	B	B	-	-	-
はんだ付け	はんだ不足	-	-	-	-	-	-	○	●	-	B	A	画像検査追加	10/5	A
	はんだブリッジ	-	-	-	-	-	-	○	●	-	A	A	-	-	-
	はんだボール	-	-	-	-	-	-	○	●	-	B	A	画像検査追加	10/5	A
性能	導通不良	-	-	-	-	-	-	○	-	●	A	A	-	-	-
	性能不良								●						

　QAネットワークを活用する上で重要なのは、「いかに漏れなく不具合を予測するか?」ということです。穴の空いた網では十分な品質保証はできませんよね?

　具体的な方法としては、設計、製造、生産技術、品質保証など関係部門の専門家で集まり協議すること。また、過去のトラブルや類似製品の情報を集め、5M1E(Man：人・Machine：機械・Material：材料・Method：方法・Measurement：測定・Environment：環境)の視点で漏れなく不具合を予測する必要があります。

(4)市場トラブル対応、苦情とその処理

QAネットワークで網を張り巡らすんだね。
発生予防と流出防止が揃えばかなり強固に感じるなぁ。
品質保証にはこれで十分?

いや、安心するにはまだ早いよ。
販売時の対応やアフターサービスも重要なんだ。
特に市場トラブルが発生したときの対応で、お客様や世間の印象は大きく変わるから、自社都合の対応は会社存続にも影響するよ。
詳しく見ていこう。

　いかに製品開発段階で保証の網を張り巡らせても、市場トラブルが発生する確率は0にはなりません。ですので「販売前の品質保証」では、「わかりやすい取扱説明書の提供」、「正しい検査情報の開示」、そして「アフターサービスへの取り組み」など購入者に安心してもらえる情報を提供する必要があります。

　また、万が一、市場トラブルが発生した際には、「販売後の品質保証活動」として「クレームへの応対」、「迅速な情報開示」、「補償の説明」など誠意ある対応を行い、二度と同じ問題を繰り返さないよう再発防止を徹底します。特にクレームには、販売店や生産者に届く顕在クレームと、顧客の心の内に留まり直接は届かない潜在クレームの2種類があるため、常に潜在クレームの把握と対策に努める必要があります。

　残念ながら近年でも企業によるリコール隠しや検査不正問題、情報隠蔽、データの改ざんなど、自社都合による対応が後を立ちません。お客様第一で行動しない企業は必ずお客様から見放され、存続できなくなります。

　経営トップはもちろんですが、従業員ひとりひとりが「何か異常を発見したときは勇気をもって声をあげる」など、お客様に対し誠意ある対応を心がける必要がありますね。

▼図5.5　市場トラブル・苦情への対応

5-4　生産工程における品質保証

（1）工程（プロセス）における品質保証の考え方

> 以前、新製品の最終評価で結果が悪くて上司から責められたときは、データを改ざんしたくなったよ。
> でも、しなくて良かったし、これからも絶対にしてはいけないね。

> うん。そんなことをしたら、お客様の安心・安全が失われるから絶対にやってはいけないよ。よく我慢したね。
> じゃあここからは製品の生産工程（プロセス）における品質保証を学んでいこう。

　「工程（プロセス）」とは、「製品の品質特性に影響を与える要因の集まり」です。

具体的には5M1E（Man：人・Machine：機械・Material：材料・Method：方法・Measurement：測定・Environment：環境）などで構成され、場合によってはMachine：機械に含まれていたMaintenance：設備保全を独立させ6M1Eと呼ぶこともあります。

　またEnvironment：環境においては、特に「作業環境を適切に維持」することが重要であり、その基本となるのは5S（整理、整頓、清掃、清潔、しつけ（躾））です。

　「工程管理」とは、「プロセス重視で管理のサイクルを回し、工程の安定化を図ること」であり、その目的はお客様が求めるQ：品質、C：コスト、D：納期を満たす製品を生産することです。

　具体的には、品質特性の維持・管理を行い、異常があれば原因を追求し、工程（プロセス）を改善する。つまり「品質は工程で造り込む」というのが工程（プロセス）における品質保証の基本的な考え方です（詳細は4-14節を参照のこと）。

▼図5.6　工程（プロセス）における品質保証

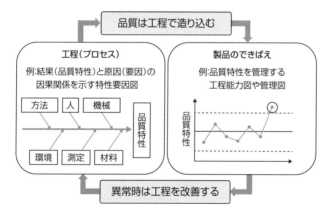

(2) QC工程図、フローチャート

「品質は工程で造り込む」って言葉は何回も出てくるね。
つまり、それだけ大切ってことだよね？

その通り。そして品質を工程で造り込むためには、生産工程の流れや各工程での管理項目を明確にする必要があるんだ。
そのときに役立つのが「QC工程図」だよ。

「QC工程図」ね。
聞いたことはあるけど、生産技術部や品質管理部、それに製造部が管理してるからあまり見たことがないな。
どんな図なのかなぁ？

　「QC工程図」は「生産に関する全工程の流れと、各工程における管理項目を明確にするためのツール」です。原材料や組付部品の受入～完成品の出荷まで全工程の流れをフローチャート（流れ図）にすることで、生産工程全体の流れを明確にすることができます。組織によっては「QC工程図」を「QC工程表」や「工程管理表」と呼ぶこともあります。

　QC工程図では各工程（プロセス）ごとにいつ、誰が、どこで、何を、どうやって確認するかを明確にするために管理項目を設定します。管理項目とは、各工程で確認する「品質特性」のことです。項目ごとに管理の方法 [管理水準（規格値）、計測方法、測定箇所、測定頻度、担当者、異常時の対応など] を明示します。

　QC工程図を作成するにあたっては、関係部署間で「生産の流れ」を十分に検討した上で、工程解析を行い、製品品質を確保するために必要な各工程の管理項目を決定する必要があります。

▼図5.7　QC工程図の例

基板組付　QC工程図

所属	電子製造三課	課長	主任	作成
	20XX年△月○日			

部品名	フローチャート			工程名	作業指示書	管理項目(点検項目)	管理方法			検査項目	検査方法	備考
	原材料工程	準備工程	本工程				管理図その他	担当	測定方法			
基板			⑫	基板搬入	LS432-01							
-			⑬	シリアル刻印	LS432-02	(日付、番号)	チェックシート	班長	n=5始業時			
コネクタ			⑭	コネクタ組付	LS432-03	外観不良	p管理図	検査員	全数目視			
ネジ			⑮	ネジ締め	LS432-04	締めトルク(回転数)	$\bar{X}-R$管理図 チェックシート	班長	トルクドライバn=5			
はんだ			⑯	はんだ付け	LS432-05	(温度)	チェックシート	班長				
-			⑰	はんだ検査	LS432-06	外観不良	p管理図	検査員	全数目視	はんだ不足、はんだブリッジ、はんだボール	全数目視	
-			⑱	性能検査	LS432-07	特性不合格率	p管理図 $\bar{X}-R$管理図	設備	自動計算	導通電圧電流ソフトVer	電圧計電流計設備	

5

(3) 作業標準書

> へ〜これが「QC工程図」かぁ。
> でも管理項目を決めただけで製品は作れないよね？
> 作り方の手順とかも決めないといけないのでは？

> うん、その通り。
> 実際に各工程の作業者がどんな作業をするのかを定めた帳票が「作業標準書」なんだ。
> 詳しく説明するね。

「作業標準書」とは、「製造作業にて使用する設備、設備条件、作業手順、材料・部品、管理方法などの標準を定めた帳票」です。組織によっては「作業要領書」「作業手順書」「作業マニュアル」などと呼ばれます。

「作業標準書」を作成する目的は、「いつ誰が作業しても同じ品質の製品を生産する（ばらつきを抑える）こと」。ですから、良い品質の製品を効率よく作るためのノウハウが詰め込まれた帳票ともいえますね。

作業標準書はその対象・内容・使用目的によって分類できます。以下がそれぞれをまとめた表です。

■対象による分類

▼表5.1　作業標準書の分類（対象別）

種類	説明	帳票例
製造技術標準書	製造物を対象として、その技術事項を定めたもの	製造技術規格 工程仕様書
製造作業標準書	作業者を対象として、その作業方法を定めたもの	作業手順書 作業指導票
設備操作標準書	設備を対象として、その操作方法を定めたもの	設備操作手順書 設備点検手順書

■**内容による分類**

▼表5.2　作業標準書の分類（内容別）

種類	説明	帳票例
手順書	一連の動作または作業について、その手順や注意点を定めたもの	作業手順書 設備操作手順書
条件書	製品・設備・サービス等における固有の条件を一覧表などにまとめたもの	作業条件表 設備条件表

■**使用目的による分類**

▼表5.3　作業標準書の分類（使用目的別）

種類	説明	帳票例
原簿・原紙	作業内容の詳細、根拠となる技術情報、改訂の履歴・理由を記載したもの	製造技術規格 工程仕様書
教育・訓練用	未熟者の教育・訓練に使用するもの	作業指導票 作業マニュアル
現場掲示用	教育・訓練用の中から重要なポイントを抜き出して、現場に掲示するもの	作業ワンポイント 作業条件表 設備条件表

5-5　検査の目的

「作業標準書」で作業を標準化して、品質のばらつきを抑えるんだね。
とはいっても人はロボットじゃないんだから、毎回、作業標準書通りにできないこともあるよね？

そうだね、標準を定めても人間はミスをしてしまうもの。
だから最後の砦として「検査」があるんだ。
ここからは検査について説明するね。

　「検査」とは、「顧客の要求事項や生産者が自ら定めた要求事項に対し、さまざまな手段によって適合しているかの確認を実施し、合否判定を行う活動」です。さまざまな手段とは、たとえば、測定、試験、検定、ゲージ合わせなどがあります。

　検査の目的は主に以下の3点です。

---

1. 適合品と不適合品を選び分け、品質を保証する。
2. 品質情報を入手し、製造現場および関係部署にフィードバックする。
3. 製品の検査履歴を保管し、市場不具合発生時などには素早く追跡できるようにする（トレーサビリティ）。

　これらの目的を達成するためには、以下の3項目が重要です。

---

1. 品質特性を測定する方法の確立
2. 製品またはロットの合否判定基準の策定
3. 試験の確実な実施と正確な判定・記録・保管

5-6　検査の分類

（1）検査の行われる段階による分類

「検査」といっても実は色々な種類があるんだ。
たとえば、受入検査や抜取検査とかね。求められる品質レベルによっては検査数を少なくする場合もあるんだよ。

え？　そうなの？
検査数が少なくなったらコストが減らせるし、嬉しいよね。
でも本当にそれで品質保証ができるの？

さっきもいったように、求められている品質レベルを把握して適切な検査を実施することが大切なんだ。
まずは「検査の種類」について説明するね。

検査は行われる段階によって4種類に分類できます。

以下は各検査についてまとめた表です。

▼表5.4　**検査の分類（行われる段階別）**

検査名	説明	目的	備考
受入検査（購入検査）	提供された製品・ロットについて、受入可否を判定する検査。	仕様・規格に適合しない商品が生産工程に流入することを防ぐ。	特に外部から商品を購入した場合は購入検査という。
工程間検査（中間検査）	工場内において、加工途中の製品を「ある工程から次の工程へ移動して良いか」判定する検査。	次工程へ不適合品が流出することを防ぐ。また、不適合品による損害を小さく抑える。	自主検査※によって品質向上意識を高められる。
最終検査	最終工程にて、完成品が要求事項を満たしているかを判定する検査。	顧客に対し不適合品の流出を防止する。	最終的な品質を保証する非常に重要な検査。
出荷検査	製品出荷時に行う検査。	顧客に対し不適合品の流出を防止する。また、輸送中の不適合品発生を防ぐ。	梱包状態の確認も行う。

※作業者が自分で加工・組立したものを自ら検査すること。

（2）検査の方法による分類

検査を行う段階によって4種類に分類されるんだね。
でも自分が知りたいのは検査の数を減らす方法だよ！
もったいぶらないで早く教えてくれる？

わかったわかった。まぁ落ち着いて。
次の「検査の方法」による分類で説明するから。
ただし過剰な期待は禁物だよ。

検査は、その方法によって、以下の4種類に分類されます。

▼表5.5　検査の分類（方法別）

検査名	検査数	説明
全数検査	全数	ロット※のすべての品物について試験を行う検査方法。
無試験検査	0	品質情報・技術情報などに基づき、供給者側・受入側共に、サンプルの試験を省略する検査方法。書類のみでロット合否を判定する。 ただし、技術面や使用実績等から「不適合品による影響が十分に小さい」と判断できる場合にのみ採用可。
間接検査	受入側は0	受入検査において、供給者側の検査成績を基に、受入側の試験を省略する検査方法。供給者側の工程能力が十分にあることを確認した上で、受入側が採用を判断する。
抜取検査	抜取検査方式にて決定	検査対象のロットからあらかじめ定められた抜取検査方式に従ってサンプルを抜き取る。抜き取ったサンプルに対し試験を行い、その結果によって、ロット全体の合否を判定する検査方法。 検査数が少なくて済むメリットと不適合品を見落とす確率が一定数残るというデメリットがある。

※同一条件で製造された品物の集まり。

（3）抜取検査の種類と注意点

無試験検査や間接検査が採用できれば嬉しいけど、現実的には難しそうだなぁ…
となると抜取検査が気になるけど、どうやって採用を決めたらいいの？

抜取検査を採用するには、その特徴と注意点を把握する必要があるよ。まずは抜取検査の種類を説明した後に、採用するケースと注意点を解説するね。

「抜取検査方式」とは、「ロットから何個サンプルを抜き取って、そのうち不適合品が何個までならそのロットを合格とする」と定めたルールのことです。

---

1. ロットのサイズ（収容数）：N
2. ランダムに抜き取ったサンプルの数：n
3. ロットを合格と判定する不適合品数（合格判定個数）：c

この三つの数字でロットの合否を判定します。なお、nやcは統計的な理論に基づいて設定された値です。

抜取検査には「計数値抜取検査」と「計量値抜取検査」の2種類があります。

■計数値抜取検査

計数値抜取検査は以下の手順で行われます。

---

1. 対象ロットからn個のサンプルを抜き取る。
2. 抜き取ったサンプル（**検査単位**という）に対し試験を行う。
3. サンプルを適合品と不適合品に分ける。
4. 不適合品数xをあらかじめ定められた**合格判定個数**cと比較する。
5. 合格判定個数$c \geqq$不適合品数xであればそのロットを合格とする。

不適合品の「数」で判定するので計"数"値抜取検査と覚えましょう。

▼図5.8　計数値抜取検査方式の流れ

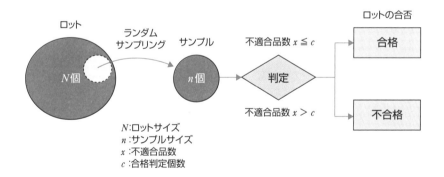

N：ロットサイズ
n：サンプルサイズ
x：不適合品数
c：合格判定個数

■計量値抜取検査

計量値抜取検査とは、「抜き取ったサンプルを測定し、得られた特性値の平均値（$\bar{x}$）と標準偏差（s）を求め、あらかじめ定められた合格判定値と比較して、ロット全体の合否を決める検査」です。このときの特性値は正規分布（第10章参

照)に従っているとみなせる必要があります。

■抜取検査の適用ケースと注意点

　抜取検査は「検査数が少なくて済む」というメリットがある一方、「不適合品を見逃す可能性がある」というデメリットを抱えているため、適用には注意が必要です。もし適用するなら、ある程度、不適合品の混入が許せる場合でないといけません。

　もし不適合品が1個たりとも許せない場合は「全数検査」を行う必要があります。抜取検査が採用される具体例としては「特性値の測定に破壊試験を必要とするため、全数検査ができない場合」などが考えられます。

5-7　用語解説

①保証と補償

品質の保証	品質に対し間違いがない、大丈夫であると認め、責任をもつこと。
品質の補償	品質上の欠点や欠陥による損害に対し補って、償うこと。

②DRとトラブル予測、FMEA、FTA

DR：デザインレビュー (Design Review)	設計審査とも呼ばれる。製品やサービスの設計段階にて予測される問題や、その評価と対策にモレや不十分な箇所がないかをチェック・是正する審査。
トラブル予測	過去のトラブルや失敗などから、品質問題に至る重大な不具合や、故障、事故の可能性と要因を予測し、未然防止を行うこと。
FMEA (Failure Modes and Effects Analysis)	故障モード影響解析とも呼ばれる。システムの構成要素で起こりうる故障を予測して、故障による影響、発生原因、検出方法、リスクの大きさ、対策をあらかじめ検討しておく手法。
FTA (Fault Tree Analysis)	故障の木解析とも呼ばれる。解析対象となる「故障」や「不具合」をトップ事象として、その原因を枝分かれする木のように細分化し追求していく手法。

③製造物責任、製品安全、環境配慮設計

製造物責任 (Product Liability： PL)	製品の欠陥または表示の欠陥が原因で生じた人的・物的損害に対して、製造業者、販売業者が負うべき賠償責任のこと。
製造物責任予防 (Product Liability Prevention：PLP)	PL問題が発生しないように、製造業者、販売業者が行う予防活動。
製造物責任防御 (Product Liability Defense：PLD)	PL問題が発生しても損害を最小にするために製造業者、販売業者が行う諸活動。
製品安全 (Product Safety：PS)	事故の発生を未然に防止するために、より安全な製品へと造り込んでいく活動。具体的には、あらゆる誤用による危険分析やデザインレビューなどで製品の安全性を確保できるプロセスを構築する。
環境配慮設計 (Design For Environment： DFE)	企業活動が環境に影響を与える環境側面 (environmental aspect) を特定し、配慮した設計を行うこと。

④製品ライフサイクル全体での品質保証

製品ライフサイクル	企画から研究、開発、生産、販売、廃棄に至る製品の一生。
ライフサイクルアセスメント (Life Cycle Assessment： LCA)	製品の原料調達から製造、使用、廃棄までの全プロセスで発生する環境負荷とその影響を定量的に評価する方法。

⑤工程異常

工程異常	工程を構成する5M1E などが通常と異なる状態となり、その結果、品質特性が管理水準から外れた状態のこと。工程異常には突発型・傾向型・周期型といったタイプがあり、タイプを把握することが早期の原因追求には有効。

⑥工程能力調査、工程解析

工程能力	工程が要求規格（通常は工程のアウトプットである品質特性）に対し、どの程度の品質を提供できるかを示す度合い。詳細は第8章にて解説。
工程能力調査	工程の状態を把握するために工程能力を調査し、能力が不足する場合は工程改善を行い、能力が十分であればそれを維持する一連の活動。

⑦計測の基本

計測管理	工程管理や設備管理に使用する「計測器」や「計測作業」を管理すること。測定値には必ず計測作業による誤差が含まれるため、品質管理における重要な取り組み。

⑧計測の管理

測定器管理	測定器の調達、校正・検証、調整や、機器の識別、保管、校正・検証の記録を行う。
計測作業管理	測定方法および測定値の使用方法を制定し、マニュアルにて教育・訓練を実施することで、計測作業を確実に実施できるようにすること。

⑨測定誤差の評価

測定誤差	測定値から真値を引いた値※
かたより	測定値の母平均から真値を引いた値※
ばらつき	測定値がそろっていないこと、また、ふぞろいの程度※

⑩官能検査、感性品質

官能検査	人間の感覚（五感）を用いて、製品・サービスの品質特性が要求事項と適合しているかを判定・評価する方法。
感性品質	人間が抱くイメージやフィーリングなどの感性によって評価される品質。たとえば、スマートフォンであれば「スタイルが良い」、「持ちやすい」、「先進感がある」といった言葉で表現される品質のこと。

※参考文献　JIS Z 8103:2019 (https://kikakurui.com/z8/Z8103-2019-01.html)

第5章　演習問題

問題1

　次の文章において、□内に入る最も適切な記号を、選択肢からひとつ選べ。ただし、各選択肢を複数回用いることはない。

①品質保証においては検査で品質を保証する「　(1)　の保証」ではなく、デミング博士とジュラン博士らが紹介した、最初から基準を満たすものを作る「　(2)　による保証」の考え方が重要である。

②効率的かつ効果的に品質保証を行うためには、目的に応じたツール（図表）を有効活用することが望ましい。　(3)　は企業における製品開発のステップと各ステップに関係する部署や会議体などを「フローチャート形式」にて整理した図である。また想定される不具合をどの工程で予防し、もし発生した場合はどの工程で流出防止を実施するのかをまとめた図は　(4)　である。

③検査はその方法によって4種類に分類することができる。その中で、受入検査において、供給者側の検査成績を基に、受入側の試験を省略する検査方法を　(5)　検査と呼ぶ。また、品質情報・技術情報などに基づき、供給者側・受入側共に、サンプルの試験を省略し、書類のみでロット合否を判定する方法を　(6)　検査と呼ぶ。

④抜取検査方式において n は　(7)　を、c は　(8)　を意味する。

【選択肢】

ア. QC工程図　　　イ. プロセス　　　ウ. 品質機能展開（QFD）
エ. サンプルサイズ　オ. QAネットワーク　カ. 無試験
キ. 結果　　　　　　ク. 品質保証体系図　ケ. 間接
コ. 全数　　　　　　サ. 不適合基準　　　シ. 合格判定個数

解答欄

(1)	(2)	(3)	(4)	(5)	(6)	(7)	(8)

解答・解説

問題1

解答

(1)	(2)	(3)	(4)	(5)	(6)	(7)	(8)
キ	イ	ク	オ	ケ	カ	エ	シ

解説

①品質保証の考え方に関する問題。検査で品質を保証する「(1)キ：結果の保証」ではなく、最初から基準を満たすものを作る「(2)イ：プロセスによる保証」の考え方が重要です。なお、プロセスによる保証では品質特性に影響を与える要因（人・設備・材料・方法・測定など）を特定し、それらのばらつきを抑えることが重要となります。

②品質保証のために使用されるツール（図表）に関する問題。「(3)ク：品質保証体系図」は企業における製品開発のステップと各ステップに関係する部署や会議体などを「フローチャート形式」にて整理した図です。また想定される不具合をどの工程で予防し、もし発生した場合はどの工程で流出防止を実施するのかをまとめた図は「(4)オ：QAネットワーク」と呼ばれます。他にも「品質機能展開（QFD）」や「QC工程図」の特徴と活用方法を理解しておきましょう。

③検査の種類に関する問題。受入検査において、供給者側の検査成績を基に、受入側の試験を省略する検査方法は「(5)ケ：間接検査」。また、品質情報・技術情報などに基づき、供給者側・受入側共に、サンプルの試験を省略し、書類のみでロット合否を判定する方法を「(6)カ：無試験検査」と呼びます。検査はその方法や行われる段階によって分類されます。

④抜取検査方式の用語に関する問題。nは「(7)エ：サンプルサイズ」、cは「(8)シ：合格判定個数」が正解です。抜取検査方式は「N個のロットからn個のサンプルを抜き取り、その中に発見された不適合品数x個を合格判定個数cと比較して、ロットの合否を判定する」という一連の流れを覚えておきましょう。

第6章

全員参加で品質経営を
しよう！

重要度 ★★★★

6-1　TQM（総合的品質マネジメント）とは

 第6章では「企業が顧客の要求品質を満たすためにどのような経営をするべきか」を学んでいくよ。

経営！？
経営は企業のトップ層が考えることであって、自分みたいな一般社員には関係ないでしょ？

 もちろん「会社がどんな目標に向かって進むか」を決定するのはトップ層なんだけど、働いている従業員と意思統一できなければ、その目標には到達できないんだ。
だから「全員参加」が重要なんだよ。

「全員参加」っていわれてもなぁ…
経営に関係する業務は何もしてないよ。

 何もしていないように思えて、実は普段の会社生活の中には品質経営に関係する内容が含まれているんだ。
まずは「TQM（総合的品質マネジメント）」について説明するね。

　TQM（Total Quality Management：総合的品質マネジメント）とは、「経営者層から管理者、監督者、作業者、事務員に至る全階層、そして企画、設計、生産技術、品質保証、営業、人事、製造に至る全部門が、全員参加で協力しながら品質管理を効率的かつ効果的に進めていこう」という考え方です。

　なお、管理者と監督者の違いは、以下の表の通りです。

▼表6.1　管理者と監督者の違い

区分	役割	どんな人？
管理者	組織全体の管理	組織の状態に気を配り、取り仕切る人
監督者	人への指示と人の管理	作業者・事務員に作業指示を行い、管理する人

6-2　方針管理

全員参加ってのはわかったけど、TQMっていうほどの大きな取り組みをやっている感覚はないけどね。

TQMに向けた取り組みは、組織活動の「基盤」として組み込まれているから気づきにくいんだ。まずは「方針管理」について学んでいこう。

「方針」って確か年度の初めに部長がそんな言葉を使って話していたような…
ほとんど覚えてないけど（笑）。

　「方針管理」とは、「経営基本方針に基づき、中・長期経営計画を定め、全部門・全階層のベクトルを合わせ、重点指向で到達したい姿（ビジョン）を達成していく活動」です。

　経営基本方針とは、企業活動の土台となる方針のこと。たとえば、自動車メーカーなら「お客様に運転する喜びを提供する」など、時間が過ぎても変わらない、企業が追究し続ける大きな方針のことです。

　また、中・長期経営計画とは、「5年～10年程度の期間で到達したい姿（ビジョン）を描き、実現に向けてやるべきことをまとめた計画」のことです。たとえば、自動車メーカーなら「20○○年までに電気自動車の国内シェアNo.1&顧客満足度1位を達成。実現に向けて必要となるのは…」という計画です。

　方針管理における具体的な進め方の例としては、

1. 経営者層が「社会動向」や「過去の実績・問題点」をかんがみて、「中・長期経営計画」を示す。
2. 1と「前年度の反省」を受けて、各部門長はそれを重点課題に展開する。
3. 管理者は重点課題達成に向けて「課題を細分化」し、作業者・事務員に分担する。
4. 作業員・事務員は細分化された課題ごとにPDCAのサイクルを回す。
5. 管理者や作業員・事務員は「活動の結果」を経営者層・部門長にフィードバックする。

　このような一連のサイクルを繰り返すことで、組織的に到達したい姿（ビジョン）に向かって進んでいきます。

▼図6.1　方針管理のサイクル

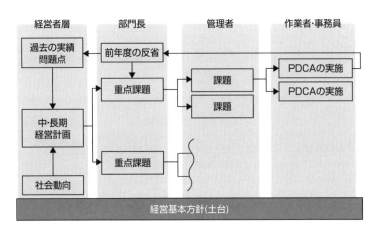

6-3　日常管理

(1) 業務分掌とは

僕の業務は方針の達成に向けた一つの課題なんだね。
しかし、課題の一つにしては日々があまりにも忙しすぎるんだよなぁ。なんでだろう？

日々の業務には「方針管理」に加えて「日常管理」の業務もあるからだよ。日常管理は「業務分掌」によってあきら君の部署に割り当てられた基本業務なんだ。

日常管理に業務分掌？？
よくわからないけど、業務には二つの種類があるってこと？　解説よろしくです。

　「日常管理」とは、「業務分掌にて規定されている"各部門が日常的に実施するべき役割"を実行するために必要なすべての活動」のことです。ここで業務分掌とは、組織内で各部門が担う業務や権限を明確化することを意味します。

　「日常管理」は企業活動において最も基本的な活動であり、現状を維持していく活動ともいえます。具体的には管理項目と管理水準、それに標準作業を定め、問題がある場合は管理のサイクルを回して維持を図る。つまり、これは第3章で学んだSDCAのサイクルを回すということです。

　そして、「日常管理」と「方針管理」が遂行され、両者が連携することで、品質のレベルは時間と共に向上し、TQM（総合的品質マネジメント）は推進されていきます。

▼図6.2　TQM（総合的品質マネジメント）の推進イメージ

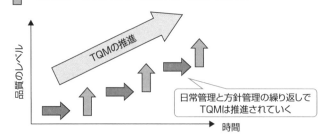

➡ 現状を維持していく活動＝日常管理

⬆ 到達したい姿（ビジョン）を達成していく活動＝方針管理

（2）管理項目（管理点と点検点）、管理項目一覧表

「方針管理」と「日常管理」に関係する業務があるから忙しかったのか…
忙しすぎて中途半端で終わってしまう仕事もたくさんあったよ。

「方針管理」はともかく、「日常管理」はあきら君の所属する部署に分担された役割だから、しっかり遂行する必要があるよ。
そのために「管理項目」の設定が重要なポイントなんだ。

「管理項目」って確か「QC工程図」でも出てきたよね？
製造現場で使われる言葉ではないの？

　「日常管理」における「管理項目」とは、「組織あるいは個人の担当する業務について、目標が達成できているかを判断し、未達の場合は必要な処置をとるために定めた項目（評価尺度）」です。
　具体的には管理項目と管理水準を定めて「管理項目一覧表」に整理し、関係者と共有します。

▼図6.3　ある人材育成課における管理項目の例

No.	管理項目	重要度	管理方法				備考
			管理水準	頻度	管理帳票	作成者	
1	教育実施数	B	計画数以上	毎月	月報	係長	
2	受講生の理解度	A	平均70点以上	毎回	理解度テスト	各研修担当者	
3	出席率	B	95%以上	毎回	出席簿	各研修担当者	
4	予算使用率	C	100%以下	毎月	予算管理表	予算担当者	
5	災害発生	A	0件	毎日	日報	安全担当者	

　「管理項目」は十分に吟味して設定する必要があります。なぜなら、業務活動のできばえを何で測るかによって、その後の活動は大きく影響されるからです。一般的には測定しやすく、評価しやすいという理由で数量化できる項目が望ましいとされています。

　また、管理項目には「管理点（結果系管理項目）」と「点検点（点検項目または要因系管理項目）」の2種類があります。それぞれの特徴を表6.2に示します。

▼表6.2　管理点と点検点の違い

種類	説明	管理者※	例
管理点 （結果系管理項目）	「結果」を 確認する項目	職位が上位の人 （課長、職場長など）	不適合品率、稼動率、 日あたりの生産量など
点検点 （点検項目または 要因系管理項目）	「要因」を 確認する項目	職位が下位の人 （班長、係長など）	設備点検項目、 材料特性値など

※あくまでも一般論として。組織の実情に応じて異なる。

（3）異常とその処置

数量化された「管理項目」ねぇ。
自分のような設計部署の場合は、たとえば、「出図納期遵守率」や「図面不具合件数」とか？

うん、そうそう。
さらにいえば、どんな状態なら「異常」なのか？を決めておくことも重要なんだ。詳しく解説するね。

「管理項目」を決めたら「管理水準」を設定し、どうなれば「異常」と判断するのか？という基準を明確にしておくことが重要です。そして、もし異常が発生した際に、どんな処置を行うのか？も事前に決めておく必要があります。

　具体的な異常発生時のルールとして、関係部署への周知（水平展開）には、「異常報告書」を発行するなどの方法が有効です。異常報告書は異常発生時の詳細状況に加えて、応急処置、原因追求、再発防止策、効果の確認など各ステップごとに担当者や期限を割り当てることで、進捗を確実にフォローするツールとしても役立てることができます。

6-4　小集団活動とその進め方

管理水準を設定して「異常」の基準を明確にしておくことが大切なのか。うちの職場は異常だらけで業務が上手く回っている気がしないなぁ（笑）。
改善活動が上手く進む、何か良い方法はないの？

なら「小集団活動」をやってみると、改善活動が進んで、業務が上手く回るようになるかもしれないよ。

「小集団活動」って何？
仕事が楽になるなら大歓迎なんだけど、なんか大変そうな響きだなぁ。

　「小集団活動」とは、「共通の目的および異なった知識・技能・考え方を持つ少人数で構成されたチームにて、維持向上・改善・革新を行う中で、参加する人々の意欲を高めるとともに、組織の目的達成に貢献する活動」のことです。

　具体的には第一線の職場で働く人々による「QCサークル活動」や、中間管理職や専門家による「改善・革新チーム」、部門を跨いだ専門家で構成された「プロジェクトチーム」などがあります。

　小集団活動は以下三つの条件を備えることが望ましいとされています。

1. チームは運営を自発的、自律的に行う。
2. メンバーは互いに十分なコミュニケーションを取り、自分とは異なる意見を認め合う
3. 問題解決・課題達成の「QCストーリー」を活用する。

　また、小集団活動には二つの型があり、その特徴をまとめたものが以下の表6.3です。

▼表6.3　小集団活動における二つの型

型名	構成メンバー	主な目的	チーム例
職場別チーム	同じ職場の人々	・職場の問題解決、課題達成 ・職場の活力向上	QCサークル 改善・革新チーム
目的別チーム	目的達成のために関連ある部門の人々	・課せられた目的の達成	プロジェクトチーム タスク・フォース クロスファンクショナルチーム

6-5　QCサークル活動

うちの会社にもQCサークル活動があるよ。
ただ、製造現場の人達は活発に活動しているけど、僕たち技術職の人間は「正直めんどくさい」って感じてる人が多いんじゃないかな？
あまりやってても嬉しくないし、本当にやる意味あるのかな？

それはまさに「QCサークル活動の活性化・活発化」といわれてる問題だね。QCサークル活動を上手く進めていくにはいくつかのコツがあるから、詳しく解説するね。

（1）QCサークルとは

QCサークルとは、「第一線の職場で働く人々が、継続的に製品・サービスや仕事などにおける質の管理・改善を行う小グループ」です。基本的な進め方として、QCサークルのメンバーは**自発的**に運営を行います。そしてQCの考え方・手法などを活用しながら、創造性を発揮して問題解決や課題達成を実践します。そのような活動を通じて自己啓発・相互研鑽を図り、能力向上・自己実現、明るく活力に満ちた生きがいのある職場づくり、お客様満足の向上および社会への貢献を目指します。

QCサークル活動の基本理念は以下の三つです。

> **●QCサークル活動の基本理念**
> 1. 人間の能力を発揮し、**無限の可能性**を引き出す。
> 2. 人間性を尊重して、生きがいのある**明るい職場**をつくる。
> 3. 企業の体質改善・発展に寄与する。

また、サークル活動による期待効果は以下の五つです。

> **●サークル活動による期待効果**
> 1. 職場内の問題・課題を改善していくことで、仕事がスムーズに進められるようになり、**チームワーク**が良くなる。
> 2. 問題意識が共有化でき、コミュニケーションが図られ、**連帯感**が得られる。
> 3. メンバー全員が目標に向かって進むことにより、**信頼感**が深まり、達成したときの充実感が自信につながる。
> 4. 品質が安定し、会社の利益に貢献できる。
> 5. 人材育成につながる。

（2）QCサークル活動における活性化・活発化の問題

> いってることは分かるけど、正直、うちの職場では全然、その期待効果が実感できていないなぁ。
> どっちかといえば「後ろ向き」な人が多いよ。

うん、その気持ちわかるよ。実は自分もQCサークルのリーダーをやったことがあるんだけど、初めは「やらされ感」が強くて苦痛だったんだ。
でも少しコツを掴むと、周りのメンバーも前向きに取り組んでくれるようになったから。それを紹介するね。

　QCサークルは、多くの期待効果があるといわれる一方で「活動が上手く進まない」「やる意味がわからない」といった悩みは常に存在しており、「QCサークルの活性化や活発化」の問題といわれています。しかし、本来は取り組む人が嬉しくあるべきで、改善するコツは以下の四つといわれています。

---

1. 自分たちが本当に困っているテーマに取り組むこと（**最重要**）
2. 忙しくても定期的に集まること
3. 困ったときは上司や専門家に相談し、自分たちで悩みすぎないこと
4. 小さなことでも成果につなげて、全員が嬉しさを実感すること

　特に1は重要で、取り組みやすいけど成果が小さいテーマや、発表に間に合わせるためのテーマを選ぶと、メンバーのやる気も上がらず苦しい思いをします。逆にメンバーの本当の困りごとが改善され、嬉しさを実感できるテーマであれば、活動は活発になり良い成果が積み上がっていく「スパイラルアップ」が期待できます。

　余談ですが、実際に筆者も日常業務が忙しい中で、「発表に間に合わせるためのテーマ」に取り組んで苦しい思いをしました。その後メンバーと話し合い、日常業務の中で困っているテーマを選んだところ、メンバーや上司の協力が得られてスムーズに課題が解決した経験があります。「どうせやるなら自分やメンバーの仕事が楽になるテーマをやってやろう」くらいの気持ちで取り組むのがおすすめですよ。

6-6　用語解説

①方針の展開とすり合せ

方針の展開	方針管理に基づく上位の重点課題や目標および方策を、下位の重点課題、目標および方策へ展開すること。
方針のすり合わせ	上位から下位への方針展開が、一貫性を持ったものになるように関係者が調整すること。この際にトップダウンの展開のみならず、ボトムアップにて下位から課題や問題が出され、方針に反映されることが望ましい。
重点課題	組織が最重要と位置付ける、中・長期や年度における経営課題。

②方針管理のしくみと達成度評価

方針管理のしくみ	方針の設定と展開を行い（P）、方策の実施（D）、その結果の評価（C）から、次年度に反映させる（A）というPDCAのサイクルを回すこと。
方針の達成度評価（トップ診断や監査ともいう）	会社トップに対し、各部門が方策実施状況のレビューと次期への反映を行う。具体的には目標と実績の差異分析や、分析結果に基づく処理を実施。特に達成できなかったものに対して「その原因を追求しておく」ことが重要となる。

③変更管理と変化点管理

変更管理	「自ら」製品・サービスの仕様や生産ラインの4Mなどの変更を行う際に、変更の明確化、評価、承認、文書化、実行、確認、処置を行う一連の活動。ここで変更の明確化とは、変更の対象、内容、範囲、時期などを明らかにすること。また、評価とは、変更による他への影響を見積もることを指す。
変化点管理	工程において「意図せず」何かが変化したと判断された際、それによってトラブルや事故が起きないかどうかを管理すること。不具合や異常発生のもとは日常活動での変化点に多いため、特性値を監視して変化点を検知したり、推測する活動が必要となる。

④標準化の目的・意義・考え方

標準化	安全・安心・便利な社会生活が送れるように標準や規格など社会におけるルールをつくり、使用していく活動。標準化活動とも呼ばれる。
社内標準化	個々の組織内で組織の運営、成果物などに関して定めた標準（社内標準または社内規格）を作成し、運用していくこと。品質、コスト、納期、安全、環境管理などすべての企業活動を適切に実施するために欠くことのできない活動。

⑤産業標準化と国際標準化

産業標準化	鉱工業品、サービス等の標準化のため、製品やサービス規格、用語や記号、品質、試験方法、分析・検査などの規格を作成、活用していく活動。多様化する物や事柄を統一または単純化することで、利便性の向上、効率化、公正性を確保することが目的。
JIS（日本産業規格）	産業標準化法に基づいた鉱工業品等やデータ・サービス等に関する国家規格。Japanese Industrial Standardsの略。主に「互換性の確保」、「品質の確保」、「安全性の確保」の観点から生活に不可欠なものとなっている。ある製品の品質がJIS規格を満たしているかを一目で確認できるように定められた印が「JISマーク」。 ▼図6.4　JISマーク 出典：日本産業標準調査会HP https://www.jisc.go.jp/newjis/newjismknews.html
国際標準化	国際的に統一または単純化を目的にした国際規格を作成し、運用していく活動。代表的な国際機関としてISO（国際標準化機構）と電気・電子技術分野全般にわたるIEC（国際電気標準会議）がある。

6

⑥品質管理教育とその方法

品質管理教育	顧客や社会のニーズを満たす製品・サービスを効果的、かつ、効率的に達成する上で必要な価値観や知識および技能を、組織の全員が身に付けるために行う体系的な人材育成の活動。
OJT (On the Job Training)：職場内教育訓練	職場内で日常業務を通して計画的に行われる教育。
OFF-JT (OFF the Job Training)：職場外教育訓練	職場外（たとえば、社外セミナーなど）で行われる教育。
階層別教育訓練	階層別（管理者、監督者、作業者、事務員、新入社員など）に分けて、各階層に必要な知識・技能を習得するための教育。
部門別・職能別教育訓練	製造現場、設計などの各専門分野において、必要な知識・技能を習得するための教育。

⑦品質マネジメントシステム

品質マネジメントシステム（QMS）	品質に関する方針および目標を定め、その達成に向けて組織を指揮・管理するための、調整された活動やシステム。
ISO9001	ISO（国際標準化機構）で制定された、品質マネジメントシステムに関する要求事項。取得することで「顧客満足度の向上」、「国際競争力の向上」、「信頼性の向上」といったメリットが期待できる。認証取得を目指す組織は、規格に基づいて品質マネジメントシステムを構築・運用し、ISOによる第三者審査を通過する必要がある。

第6章　演習問題

問題1

　次の文章において、□□□内に入る最も適切な記号を、選択肢からひとつ選べ。ただし、各選択肢を複数回用いることはない。

①「経営者層から作業者・事務員に至る全階層、そして企画、設計、生産技術、品質保証、営業、人事、製造に至る全部門が、全員参加で協力しながら品質管理を効率的かつ効果的に進めていこう」という考え方を　(1)　と呼ぶ。

②「方針管理」とは、「　(2)　に基づき、中・長期経営計画を定め、全部門・全階層のベクトルを合わせ、重点指向で　(3)　を達成していく活動」である。

③日常管理の推進においては、それぞれの部門における、業務の目的、役割、責任分担を明確にした上で、その成果を評価するための　(4)　を設定し、活動する。

④QCサークル活動の基本理念は、「人間の能力を発揮し、無限の　(5)　を引き出す」、「　(6)　を尊重して、生きがいのある明るい職場をつくる」、「企業の体質改善・発展に寄与する。」の三つである。

【選択肢】

ア．TQM（Total Quality Management）　　イ．品質目標
ウ．到達したい姿（ビジョン）　　エ．管理項目
オ．工程能力　　カ．標準
キ．人間性　　ク．汎用性
ケ．可能性　　コ．品質マネジメントシステム
サ．JIS（Japanese Industrial Standard）　　シ．経営基本方針

解答欄

(1)	(2)	(3)	(4)	(5)	(6)

解答・解説

問題1

解答

(1)	(2)	(3)	(4)	(5)	(6)
ア	シ	ウ	エ	ケ	キ

解説

①総合的品質マネジメント、すなわち「(1)ア：TQM（Total Quality Management）」が正解です。全部門が、全員参加で協力することで、品質管理を効率的かつ効果的に進めることができます。特に経営者層には、全員を同じ方向、同じ目標に向かって牽引する「リーダーシップ」が求められます。

②方針管理の定義に関する問題。方針管理とは、「"(2)シ：経営基本方針"に基づき、中・長期経営計画を定め、全部門・全階層のベクトルを合わせ、重点指向で"(3)ウ：到達したい姿（ビジョン）"を達成していく活動」のことです。方針管理に基づき、各部門が前向きに改善・改革に取り組むことが大切です。

③日常管理の推進方法に関する問題。それぞれの部門における、業務の目的、役割、責任分担を明確にした上で、その成果を評価するための「(4)エ：管理項目」を設定し、活動することが重要です。日常管理と方針管理を繰り返すことでTQMを着実に推進していくことができます。

④QCサークル活動の基本理念に関する問題。基本理念は「人間の能力を発揮し、無限の"(5)ケ：可能性"を引き出す」、「"(6)キ：人間性"を尊重して、生きがいのある明るい職場をつくる」、「企業の体質改善・発展に寄与する」の三つです。なおQCサークル活動は1962年に日本で始まった小集団活動で、現在も全国の多くの企業で推進されています。

第7章

データの取り方・まとめ方を
知ろう！

重要度 ★★

7-1　統計的品質管理（SQC）

第7章からは品質管理の「手法編」だよ。手法を活用することで、ここまでに学んだ改善活動や品質マネジメントを「より的確に」、そして「効率的」に実践できるんだ。

品質管理の手法？？　なんか怪しい響きだけど…
本当にそんな嬉しい効果が得られるの？

うん、確かにそういいたい気持ちも分かるよ。
でも、たとえば、あきら君が人に仕事を依頼したとして、その結果を「問題ありません」と口頭で伝えられるのと、図やデータで根拠を示して説明されるのではどちらが信じられる？

それはもちろん後者だよ。
人のいうことよりも、信じられるのはデータだよね。

品質管理の「手法」というのはそのデータを「どうやって扱うか」についての具体的な方法なんだ。
そしてデータや統計を活用して品質管理を行うことを統計的品質管理（Statistical Quality Control：SQC）っていうんだよ。

　統計的品質管理（Statistical Quality Control：SQC）とは、「統計的手法を活用して、事実やデータに基づき品質管理を行うこと」です。品質管理を行うには、まず対象の現状を正確に把握することが重要です。そのためには数量化されたデータを収集し、それを解析することで規則性（癖）を発見して、客観的な評価・判断を行う必要があります。

　統計的品質管理の基本的な流れは、以下のようになります。

●**統計的品質管理の基本的な流れ**
1. データを取る目的と、データから処置すべき対象（母集団）を明確にする。
2. データをいつ、誰が、何を、どこで、なぜ、どうやって（5W1H）取るのか決める。
3. できるだけランダムに取得したサンプルを測定してデータを得る。
4. 統計量や統計手法を用いてデータを整理・分析する。
5. 得られた分析結果から母集団に対して取るべきアクション（処理・対策）を決める。

　上記のような「事実やデータに基づく判断」によって、改善活動や品質マネジメントを「より的確に」、そして「効率的」に実践できるようになります。この第7章では統計的品質管理における一連の流れについて、重要ポイントを順番に解説します。

7-2　データの種類

データ（事実）に基づいて改善活動や品質マネジメントを行うメリットは分かったよ。
でも製造現場はともかく、間接職場、特に人事部や総務部みたいな部署は、データなんて手に入らないんじゃないの？

データといっても、数値データばかりでもないんだ。
「言語データ」なら間接職場でも手に入ると思うよ。
まずは「データの種類」について説明するね。

　データの種類は、まず「数値データ」と「言語データ」に分かれます。

　数値データとは、その名前の通り「数値で示されるデータ」で、「量的データ」や「定量的データ」と呼ばれることもあります。

▼**図7.1　データの種類**

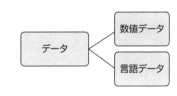

　さらに数値データは、「計量値」と「計数値」に分かれます。計量値とは、重さ（kg）、長さ（mm）、温度（℃）など、「物理単位がある連続的な数値データ」のことです。

　一方で計数値とは、不適合品数（個）や人数（人）のように「数えられる数値データ」のことです。

　計量値は連続性があるのに対し、計数値は連続性をもたない離散的なデータとなっています。また表7.1に示すように計量値と計数値はそれぞれ「単位の組み合わせがないデータ」と「組み合わせがあるデータ」に分けることができます。

▼表7.1　数値データの種類と具体例

			具体例
数値データ	計量値（連続性あり）	物理単位あり	長さ（mm）、質量（g）、時間（s）、電流（A）、物質量（mol）など
		単位の組み合わせ	**計量値/計量値：** ・速度（m/s）　・圧力（N/mm^2） ・密度（kg/mm^3）など **計量値/計数値：** ・1個あたりの重さ（g/個） ・1回あたりの時間（s/回）など
	計数値（連続性なし）	数えられるデータ	不適合品数（不良品数）、不適合数、部品数、故障回数、事故回数など
		単位の組み合わせ	**計数値/計量値：** ・単位面積あたりのキズ個数（個/mm^2） ・単位容積あたりの不純物数（個/mm^3） ・単位時間あたりの振動回数（回/s）など **計数値/計数値：** ・1日あたりの生産個数（個/日） ・1日あたりの故障回数（回/日） ・1人あたりの生産個数（個/人）など

　一方で言語データとは、たとえば、「満足」、「不満足」、「A材料」、「B材料」など、言語で示されるデータのことです。言語データは「質的データ」や「カテゴリデータ」、「定性的データ」と呼ばれることもあります。

　一般的に扱いやすいのは「数値データ」とされています。なのでデータを取る際は、なるべく数値で取得するように心がけることが重要です。

7-3 単位の変換

データには数値データと言語データがあるんだね。
僕の集められるデータは「図面の不具合数（個）」とか
「作図にかかる時間（分）」、それに「得意先からのク
レーム件数（件）」とかかなぁ。

うん、そういったデータを指標として業務を管理す
る必要があるね。そして「データの単位を変換」する
ことで、さらに有効な情報となる場合があるよ。

データの単位を変換？？
せっかく集めたデータを変更しちゃうってこと？
解説よろしくです。

7

「単位の変換」とは、「目的に合わせてデータの単位を変更すること」です。

たとえば、複数の生産ラインにおける「不適合品の発生状況」を比較したいと
き、各ラインの生産数に差があると不適合品数（個）では公平な比較ができませ
ん。そこで不適合品数（個）を1日の生産数（個）で割り、不適合品率（％）という
指標に変換することで、公平に比較することができます。

このように目的に合わせてデータの単位を変換することは、データを活用し
ていく初期段階のアクションとして非常に重要なポイントです。

●単位変換の例
・不適合品数（個）→ 1日あたりの不適合品数（個/日）
・得意先からのクレーム件数（件）→ 1ヶ月あたりのクレーム件数（件/月）
・予算金額（円）→ 1部署あたりの予算金額（円/部署数）

7-4　母集団とサンプル

目的に合わせて単位を変換するのか。
普段は意識せずにやっているけど、確かに大切なことだね。
よーし、そうと分かればどんどんデータを集めるぞー！

ちょっと待った！
データを集める前に、
そもそも「データ」って何か分かってる？

え？？
データって、前に教えてくれたように「数値」や「言語」のことじゃないの？

うん。それはデータの「種類」だね。
データというのは「母集団」の状態を推測するために、「サンプル」から取得された情報なんだ。

「母集団」に「サンプル」？？
サンプルはともかく、母集団って何なの？
解説お願いします。

　「母集団」とは、「同じ条件で作られた（とみなせる）製品やサービスなどの集団」です。

　たとえば、生産現場なら「同じ生産条件で作られた製品の集団」は母集団といえます。ただし、同じ生産条件で作ったつもりでも、製品には必ずばらつきが存在しているので、まったく同じ物ではない点には注意が必要です。

　また、品質の改善活動では、個々の製品ではなく「母集団の品質改善」を目指します。母集団の品質改善は、主に以下の流れで行います。

●**母集団の品質改善を行う流れ**

1. 母集団からサンプルを抜き取る（サンプリングという）。
2. サンプルを測定し「データ」を取得する。
3. 取得したデータから「統計量」を計算する。
4. 統計量から母集団の状態を推定し、判断や処置を行う。

　特に「取得したデータと母集団がしっかり対応しているか？」という点については十分な注意が必要です。たとえば、試作工程で作られた「試作品のサンプル」を使って、量産ラインにおける「量産品の状態」を推定するのは危険です。必ず量産ラインから取得したサンプルで母集団の状態を推定しましょう。

▼**図7.2　母集団とサンプルの対応**

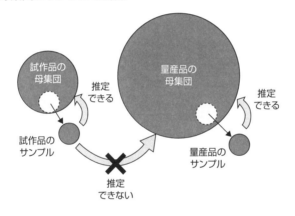

7-5　サンプリング

母集団の状態を推定するために「サンプルを採って
データを取得する」んだね。ちょうど製造現場の人に
確保してもらった量産品のサンプルがあるから、こ
れらを測定すれば量産品の母集団の状態が推定でき
るわけだ！

ちょっと待った！
そのサンプルってどうやってサンプリングされたも
の？

え？？
どうやってって…
製造現場の人は「始業直後が製品を抜き取りやすいか
ら、そこでまとめてサンプリングした」っていってた
よ。

かたよったサンプリングだと、母集団の状態を正しく
推定できずに、判断を誤ってしまうこともあるんだ。
サンプリングの基本は「ランダムサンプリング」だよ。
詳しく説明するね。

　「サンプリング」とは、「母集団からサンプルを採ること」です。サンプリング
はその目的に合わせて、かたよりなくサンプルを採ることが重要です。なので
基本的には母集団から「無作為に」サンプリングをする「ランダムサンプリング」
を実施します。

　ランダムサンプリングを実践する方法としては、たとえば、対象となる製品
群のすべてに番号付けを行い、Excelの「RANDBETWEEN関数」で乱数を生成し
て、その番号に従い製品をサンプリングする方法があります。

　逆にやってはいけないサンプリングとして、たとえば、「山積みにされた収容
箱の1番上の箱からだけサンプリングする」など「取得しやすいところだけサン

プルを採る」やり方です。また「意図的に不適合品を避ける」など「都合の良いサンプルを採る」やり方などは、正しい判断ができなくなるため絶対にやってはいけません。

参考　RANDBETWEEN関数（Microsoftサポート）
https://support.microsoft.com/ja-jp/office
/randbetween-関数-4cc7f0d1-87dc-4eb7-987f-a469ab381685

7-6　測定と測定誤差

製造現場の人が集めてくれたサンプルはまったくランダムサンプリングされていないから、データがかたよっているかもしれないね。データを集めるのって思っていたより難しいんだなぁ。

うん、実は他にもデータ取得で気を付けないといけないことがあって、それが「測定誤差」なんだ。

えぇ、サンプリングだけでも大変なのに、測定にも注意が必要なの？
たしか第5章の用語解説でも「測定誤差」って単語があった気がするけど、何か忘れてしまったよ。

「測定誤差」とは、「サンプルの測定値と"真値（特性値の正しい値）"との差」のことです。測定値には必ず測定誤差が含まれているので、正しい判断を行うためには「いかに測定誤差を小さくするか」が重要です。

測定誤差には「かたより」と「ばらつき」があります。かたよりは「測定値の母平均から真値を引いた値」、ばらつきは「測定値がそろっていないこと。また、ふぞろいの程度」です。信頼できるデータを得るためには、測定方法を標準化し、測定員は測定器の扱いや目盛りの読み取り方などの訓練を行う必要があります。「かたよりやばらつきの要因」を減らすことで、「測定誤差」が一定範囲に収まるように管理することが重要です。

　また、測定においては「記録」も重要な要素です。いつ、誰が、どこで、何を、なぜ、どうやって測定したのかを5W1Hで記録しておくことで、取得したデータの信頼性が高まります。

7-7　基本統計量

(1) 基本統計量とは

> 「サンプリング」と「測定」が終わったよ。
> これでようやくデータが集まったけど、これからどうしたら良いんだろう？

> ただデータを眺めていても母集団の状態を推定するのは難しいから、まずは「基本統計量」を求めてみようか。「基本統計量」を求めることでデータ群の全体像が掴めるんだ。

> 基本統計量？？
> また難しそうな名前だな。かんたんに説明してね。

　「基本統計量」とは、「データ全体の中心や、ばらつきの度合いを表す値」のことです。基本統計量を求めることでデータ全体の中心がどれくらいの値で、どれくらいのばらつきがあるのかを、それぞれ一つの代表値で示すことができます。

　具体的には、表7.2に示すように、中心を表す基本統計量として「平均値」と「中央値（メディアン）」、ばらつき度合いを表す基本統計量として「範囲」、「平方和」、「分散」そして「標準偏差」があります。

▼表7.2 基本統計量

何を表すか？	名称	記号（読み方）
データ全体の中心	平均値	$\bar{x}$（エックス・バー）
	中央値（メディアン）	Meもしくは$\tilde{x}$（エックス・チルダ）
データ全体のばらつき度合い	範囲	R（アールまたはラージアール）
	平方和	S（エスまたはラージエス）
	分散	V（ブイまたはラージブイ）
	標準偏差	s（エスまたはスモールエス）

（2）中心を表す基本統計量

中心を表す基本統計量の「平均値」はわかるけど、「中央値」は使ったことないなぁ。
なんで2種類も必要なの？
平均値だけで良いんじゃない？

うん。それは平均値に「弱点」があるからなんだ。だからデータの様子をよく観察して、適切な基本統計量で示す必要があるんだよ。詳しく解説するね。

「平均値」とは、「個々のデータの総和を、データの数で割った値」です。記号は$\bar{x}$で表します。平均値の計算式は以下の通りです。

$$\bar{x}=\frac{\sum_{i=1}^{n} x_i}{n}=\frac{x_1+x_2+x_3+...+x_i+...+x_n}{n}$$

ここでΣは、添字：$i=1 \sim n$の範囲におけるxの合計（総和）を表す記号で「シグマ」と読みます。

一方、「中央値（メディアン）」とは、「データを値の大きさ順で並べた際、中央に位置する値」のこと。記号はMeもしくは$\tilde{x}$で表します。データ数が奇数か偶数かで導出方法が異なる点に注意が必要です。

・データ数が奇数個：中央に位置する値
・データ数が偶数個：中央の二つの値の平均値

　「中心」を表す基本統計量として日常的によく使われるのは「平均値」ですが、「中央値（メディアン）」には二つのメリットがあります。

1. 計算量が少ない
2. 外れ値の影響を受けない

　特に二つ目のメリットに関して、平均値は「外れ値の影響を受ける」ため、使用する際は注意が必要です。具体例として以下のような年収に関するデータを考えてみてください。

データ群：384、403、416、458、506、538、1892 （単位：万円）

　このとき、平均値は656.7万円、中央値は458万円となり、平均値は1892万円という外れ値の影響を受けていることがわかります。この例についていえば、データ群の「中心」としては「中央値の458万円」を採用する方が実情に合うと考えられます。

（3）ばらつきの度合いを表す基本統計量

中心を表す二つの基本統計量の違いについては理解できたよ。
でも、「ばらつきの度合いを表す基本統計量」は確か四つもあったよね！？
こっちこそ本当にそんなに必要なの？

うん。正直にいうと、よく使われるのは「範囲」と「標準偏差」なんだ。ただ「標準偏差」を計算する過程で「平方和」と「分散」が必要になるから、結局のところ四つまとめて覚えておいた方が良いんだよ。

> よく分かんないけど…
> 「平方和」、「分散」、「標準偏差」は何かつながりがあるってこと？

> うん。「平方和」、「分散」、「標準偏差」は一連の流れで導出できるから、数式を丸暗記するよりも、その過程を覚えることをおすすめするよ。順番に説明するね。

■範囲 R

ばらつきの度合いを表す基本統計量には「範囲」、「平方和」、「分散」、「標準偏差」の四つがあります。「ばらつきの度合い」というのは「個々のデータが中心の周りをどれくらいばらついているかの度合い」のことです。その中で最もかんたんな基本統計量は、「範囲（R）」です。範囲は以下の式で表されます。

$$R = x_{max} - x_{min}$$

見ての通り「範囲（R）」はデータの最大値 x_{max} から最小値 x_{min} を引いただけのシンプルな統計量です。シンプルなので扱いやすいというメリットはありますが、最大値と最小値しか加味していないので、データ全体のばらつき度合いが表現されているとはいえません。

■平方和 S

私達は「個々のデータが中心からどれだけばらついているか？」を表現したいので、まずデータ全体の中心つまり平均値 $\bar{x}$ を求め、個々のデータ x_i から平均値を引き $(x_i - \bar{x})$ を求めます。この $(x_i - \bar{x})$ を「偏差」と呼びます。

個々のデータすべての偏差を求め、それをすべて足せば「データ全体のばらつき度合い」が表現できそうです。しかし、偏差をすべて足し合わせると合計は「0」。

なぜなら、データは平均値を中心として正と負の両方向にばらついているため、足し合わせると互いに打ち消しあうからです。

そこで偏差を2乗し、すべて正の値にしてから足し合わせることで、問題は解決できます。こうして求められたのが「平方和（S）」です。数式で書くと以下

のようになります。

$$S = (x_1 - \bar{x})^2 + (x_2 - \bar{x})^2 + ... + (x_i - \bar{x})^2 + ... + (x_n - \bar{x})^2$$
$$S = \sum_{i=1}^{n} (x_i - \bar{x})^2$$

平方和の「平方」とは、2乗の意味です。偏差を平方（2乗）して「和」つまり足し算をするので、「平方和」と覚えてください。

■分散 V

データ全体のばらつき度合いが表現できる平方和ですが、欠点があります。それは「データ数が多くなるほど平方和は大きくなる」点です。これではデータ数が異なる集団のばらつき度合いを公平に比べることができません。

そこで平方和Sをデータ数nから1を引いた自由度$(n-1)$で割ることで、データ数の影響を受けない統計量を求めます。これが「分散(V)」です。数式で表すと以下のようになります。

$$V = \frac{S}{n-1}$$

なぜデータ数nではなく 自由度$(n-1)$で割るの？

この疑問に対してかんたんに説明すると、「母集団の分散に比べ、標本（サンプル）の分散は小さくなる性質があるので、nより少し小さい$(n-1)$で割ることで、そのズレを補正するため」です。

詳細を説明すると大変長くなるためここでは割愛しますが、興味がある方はインターネットで検索してみてください。

■標準偏差 s

分散を求めることで、データ数が異なる集団の「ばらつき度合い」を公平に比較できるようになりました。しかし、分散にもまだ欠点があります。それは「単位が元データの2乗になっている」という点です。

たとえば、元データの単位が「mm」なら分散の単位は「mm²」です。統計量は元データと単位を揃えたほうが便利なことが多いもの。そこで分散の平方根（$\sqrt{}$）を計算した統計量が「標準偏差 (s)」です。数式は以下のようになります。

$$s = \sqrt{V}$$

標準偏差は、「データ数の異なる集団でも公平に比較できる」、「単位は元データと同じ」というメリットを持った「データ全体のばらつき度合い」を表す基本統計量です。品質管理においては欠かせない統計量なので、必ず覚えてくださいね。

■例題

データ 4.2、4.4、4.9、5.4、5.8、9.2 から
$(1)\,\bar{x}$、$(2)\,Me$、$(3)\,S$、$(4)\,V$、$(5)\,s$、$(6)\,R$ を求めよ。

●解答

$(1)\ \bar{x} = \dfrac{\sum\limits_{i=1}^{n} x_i}{n} = \dfrac{4.2 + 4.4 + 4.9 + 5.4 + 5.8 + 9.2}{6} = \dfrac{33.9}{6} = 5.65$

$(2)\ Me = \dfrac{4.9 + 5.4}{2} = 5.15$

$(3)\ S = \sum\limits_{i=1}^{n} (x_i - \bar{x})^2 = (4.2 - 5.65)^2 + (4.4 - 5.65)^2 + (4.9 - 5.65)^2$
$\qquad\qquad\qquad\qquad + (5.4 - 5.65)^2 + (5.8 - 5.65)^2 + (9.2 - 5.65)^2$
$\qquad\qquad = 16.915$

$(4)\ V = \dfrac{S}{n-1} = \dfrac{16.915}{6-1} = 3.383$

$(5)\ s = \sqrt{V} = \sqrt{3.383} = 1.839$

$(6)\ R = 9.2 - 4.2 = 5.0$

(4) 変動係数 (CV)

ようやく六つの基本統計量が理解できたよ。
特に平方和から標準偏差の流れが難しかったなぁ。
これらを覚えておけば良いんだよね？

実は最後にもう一つだけ「変動係数 (CV)」という指標
について説明したいんだけど…

> ええ？？　まだあるの！？
> また変動係数って難しそうな名前だし。勘弁してよ。

> 名前は難しそうだけど、中身はかんたんだよ。
> それに、あきら君みたいな製品設計する人にも役立つ係数だから、覚えておいて損はないと思うよ。

「変動係数（CV）」とは、「標準偏差を平均値で割った値」です（単位は％）。

類似した製品においてはデータのばらつき度合いが平均値に比例している場合が多いため、たとえば、製品Aから算出した変動係数を用いて、サンプル数が少ない類似製品Bでも簡易的にばらつき度合いを推測できる、といった嬉しさがあります。

具体的に説明すると、ある類似した製品A、Bがあり、製品Aにおける強度の平均値が$\overline{x_a} = 80$（MPa）、標準偏差が$s_a = 4$（MPa）のとき、変動係数は、

$$CV = \frac{s_a}{\overline{x_a}} = \frac{4}{80} = 0.05 \,（％）$$

となります。ここで製品Bにおける強度の平均が$\overline{x_b} = 100$（MPa）と分かったとすると、変動係数を用いて、製品Bの標準偏差s_bは以下のように推測できます。

$$s_b = CV \times \overline{x_b} = 0.05 \times 100 = 5.0 \,（MPa）$$

このように、変動係数を用いることで、類似製品におけるばらつき度合いを簡易的に推測することができます。ただし、あくまでも変動係数による推測は「類似品におけるデータのばらつき度合いは平均値に比例している」という仮定のもとで成立しますので、品質管理などに適用する場合には十分な注意が必要です。

第7章　演習問題

問題1

次の文章において、□内に入る最も適切な記号を、選択肢からひとつ選べ。ただし、各選択肢を複数回用いることはない。

①品質管理においては、勘や経験だけに頼るのではなく、(1) を示すデータを取り、これを解析することで規則性（癖）を発見して、客観的な評価・判断を行う。これを「(1) に基づく管理」と呼ぶ。

②データは大きく分けて数値データと (2) データがある。さらに数値データは2種類に分類することができる。一つは重さ(kg)、長さ(mm)、(3) など、「物理単位がある連続的な数値データ」である「計量値」であり、もう一つは不適合品数（個）や人数（人）のような「数えられる数値データ」である「(4)」である。

③ある製造工程において同一条件、同一材料ロットで作られたすべての製品のような、「同じ条件で作られた（とみなせる）製品の集団」を「(5)」と呼ぶ。一般的には (5) の特性値をすべて測定することは難しいため、(5) から測定のための試料を抜き取る。これを (6) と呼ぶ。(6) によって得られた試料を測定して得られるのが (7) であり、(7) を用いて計算した値を (8) と呼ぶ。(8) を用いて (5) の状態を推定する。

【選択肢】

ア. サンプリング　　イ. ランダムサンプリング　　ウ. 母集団　　　　エ. 全集団
オ. データ　　　　　カ. 統計量　　　　　　　　　キ. 事実　　　　　ク. 言語
ケ. 温度(℃)　　　　コ. 計数値　　　　　　　　　サ. 故障回数(回)　シ. 回数値

解答欄

(1)	(2)	(3)	(4)	(5)	(6)	(7)	(8)

（解答・解説はp.149を参照）

問題2

次の文章において、□内に入る最も適切な記号を、選択肢からひとつ選べ。ただし、各選択肢を複数回用いることはない。

① サンプリングにおいては母集団の姿を正しく推定するために、かたよりなくサンプリングすることが求められる。そのために 　(1)　 サンプリングを実施することが重要である。

② 基本統計量には「データ全体の中心値」を表すものと、「データ全体の 　(2)　 度合い」を表すものの2種類がある。中心を表す基本統計量は「平均値：$\bar{x}$」と「 　(3)　：Me」の二つであり、 　(2)　 度合いを表す基本統計量は「範囲：R」、「 　(4)　：S」、「 　(5)　：V」、「標準偏差：s」の四つである。

③ 平均値：$\bar{x}$は「個々のデータの総和を、データの数で割った値」なので、計算式は 　(6)　 となる。

④ 　(4)　：Sを求める計算式は 　(7)　 である。これは偏差を2乗して総和を取った値という意味である。

⑤ 標準偏差：sを求める数式は 　(8)　 である。標準偏差は、「データ数の異なる集団でも公平に比較できる」、「単位は元データと同じ」というメリットを持つ重要な基本統計量である。

【選択肢】

ア. 平方和　　　　　イ. ランダム　　　　ウ. 中央値
エ. 変動係数　　　　オ. 分散　　　　　　カ. ばらつき
キ. 測定誤差　　　　ク. $x_{max} - x_{min}$　　ケ. $\displaystyle\sum_{i=1}^{n}(x_i - \bar{x})^2$

コ. $\dfrac{S}{\bar{x}}$　　　　　　サ. $\sqrt{\dfrac{S}{n-1}}$　　　シ. $\dfrac{\displaystyle\sum_{i=1}^{n}x_i}{n}$

【解答欄】

(1)	(2)	(3)	(4)	(5)	(6)	(7)	(8)

（解答・解説はp.150を参照）

解答・解説

問題1

解答

(1)	(2)	(3)	(4)	(5)	(6)	(7)	(8)
キ	ク	ケ	コ	ウ	ア	オ	カ

解説

①統計的品質管理（Statistical Quality Control：SQC）に関する問題。勘や経験だけに頼るのではなく、「(1)キ：事実」を示すデータを取り、これを解析することで規則性（癖）を発見して、客観的な評価・判断を行うことを「"(1)キ：事実"に基づく管理」と呼びます。

②データの種類に関する問題。データは大きく分けて数値データと「(2)ク：言語データ」があり、さらに数値データは重さ（kg）、長さ（mm）、「(3)ケ：温度（℃）」など、「単位がある連続的な数値データ」である「計量値」と、不適合品数（個）や人数（人）のような「数えられる数値データ」である「(4)コ:計数値」に分類できます。図7.1と表7.1を参考にしてください。

③母集団を推定する手順に関する問題。「同じ条件で作られた（とみなせる）製品の集団」を「(5)ウ：母集団」と呼びます。一般的には母集団の特性値をすべて測定することは難しいため、母集団から測定のための試料（サンプル）を抜き取ります。これを「(6)ア：サンプリング」と呼びます。サンプリングによって得られた試料（サンプル）を測定して得られるのが「(7)オ：データ」であり、そのデータを用いて計算した値を「(8)カ：統計量」と呼びます。最後に統計量を用いて母集団の状態を推定します。この一連の流れを覚えておくことが重要です。

問題2

解答

(1)	(2)	(3)	(4)	(5)	(6)	(7)	(8)
イ	カ	ウ	ア	オ	シ	ケ	サ

解説

①サンプリング方法に関する問題。サンプリングにおいては母集団の姿を正しく推定するために、かたよりなくサンプリングすることが求められます。そのためには「(1)イ：ランダムサンプリング」を実施することが重要です。「取得しやすいところだけサンプルを採る」、「都合の良いサンプルを採る」など、かたよったサンプリングは正しい判断ができなくなるため、絶対にやってはいけません。

②基本統計量の種類に関する問題。基本統計量には「データ全体の中心」を表すものと、「データ全体の(2)カ：ばらつき度合い」を表すものの2種類があります。中心を表す基本統計量は「平均値：$\bar{x}$」と「(3)ウ：中央値：Me」の二つであり、(2)カ：ばらつき度合いを表す基本統計量は「範囲：R」、「(4)ア：平方和：S」、「(5)オ：分散：V」、「標準偏差：s」の四つです。

③ 平均値の計算式に関する問題。平均値：$\bar{x}$は「個々のデータの総和を、データの数で割った値」なので、計算式は(6)シ：$\dfrac{\sum_{i=1}^{n} x_i}{n}$となります。記号 Σ（シグマ）は、添字$i = 1 \sim n$の範囲におけるxの合計（総和）を表します。

④ 平方和の計算式に関する問題。平方和は偏差を2乗して総和した値なので(7)ケ：$\sum_{i=1}^{n}(x_i - \bar{x})^2$が正解です。

⑤標準偏差の計算式に関する問題。標準偏差は分散の平方根であり、分散は平方和Sを$(n-1)$で割った値なので標準偏差(8)サ：$\sqrt{\dfrac{S}{n-1}}$となります。平方和、分散、標準偏差の計算は非常に良く出題されるので、必ず覚えておきましょう。

第8章

QC七つ道具で数値データを解析しよう！

重要度 ★★★★★

8-1　QC七つ道具と層別

第7章では基本統計量を用いて、データ群の中心やばらつき度合いを一つの代表値で表すことを学んだね。第8章では、「QC七つ道具」と呼ばれる手法達を用いてデータを解析する方法を学ぶよ。

QC七つ道具って…
ドラ○もんのポケットから出てくるのかな？？
その道具を使えば、あっという間に品質管理ができちゃう感じ？(笑)。

残念ながら「QC七つ道具」を使っても、あっという間に品質管理ができるわけではないんだ。でも役に立つことは間違いないよ。
まずは、QC七つ道具に含まれる各手法の特徴と、道具を使う上で大切になる「層別」の考え方について解説するね。

(1) QC七つ道具

　「QC七つ道具」とは、「品質管理において、誰にでも手軽でかんたんに使えるように選ばれた、問題解決に役立つ七つの手法」です。主に数値データに対する解析手法が入っており、データを可視化し、その特徴をつかむことで問題解決につなげます。

　表8.1は、QC七つ道具に含まれる各手法とその特徴をまとめたものです。各手法の詳細は後ほど解説します。

▼表8.1 QC七つ道具とその特徴

手法名	特徴	参照
グラフ	データを図で表し、数量の大きさや、変化をわかりやすくする手法。	8-2節
パレート図	全体に対して占める割合が多いカテゴリー（グループ）を可視化する手法。主に重点指向のために使用される。	8-3節
特性要因図	ある事象に対する要因を深堀りし、結果（特性）と原因（要因）の関係を整理する手法。その形状から「魚の骨」とも呼ばれる。	8-4節
チェックシート	データを効率的に記録、集計、整理する手法。	8-5節
ヒストグラム	データのばらつき度合いやその特徴をつかむために、データの分布を可視化する手法。	8-6節 〜 8-8節
散布図	対になったデータ間の関係性を可視化する手法。	8-9節 〜 8-11節
管理図	定期的な特性値の変化を管理する手法。	8-12節 〜 8-17節

8

(2) 層別

「層別」とは、「データの共通点や特徴に注目して、データをいくつかのグループ（層）に分けること」です。層別を行うことで、不具合の原因がわかったり、重点指向で対策するべき対象が明確になるなどの嬉しさがあります。

具体的にはデータを機械別、作業者別、時間帯別などに層別し、ヒストグラム、散布図、管理図などのQC七つ道具を用いて層ごとの違いを比較することで、問題点が明確になります。「層別」は改善を行う上で非常に重要な「知識（考え方）」なので、QC七つ道具と同時に覚えておきましょう。

(3) 層別の仕方

層別を行うためには、まず「層別に必要な項目がデータとして取られていること」が大切です。たとえば、不適合品対策なら、まず「特性要因図」を用いて、品質特性に対する重要要因を明らかにすること。そして重要要因を盛り込んだ「チェックシート」を準備してデータを採取すると、層別に必要な情報を漏れなく取得することができます。

層別の対象となる具体的な項目には、以下のようなものがあります。

①人　　：作業者、年齢、経験年数、組、直
②機械　：機種、型式、生産ライン、工場、治工具
③材料　：メーカー、購入先、産地、銘柄、ロット、購入時期
④方法　：作業方法、作業条件（圧力、回転数、速度など）
⑤測定　：測定器、測定者、測定方法、測定場所
⑥時間　：作業開始前・開始後、午前・午後、日、昼夜、曜日、月、季節
⑦環境　：温度、湿度、天候、風速、照明、場所

　具体的な層別の活用例は、後ほど各QC七つ道具（ヒストグラム、散布図、管理図）の解説と合わせて紹介します。

8-2　グラフ

「QC七つ道具」って全然聞いたことがないような「特別な手法」かと思ったら、「グラフ」は今でも普通に使っているよ。そんなありふれた手法が本当に品質管理に役立つの？

うん。QC七つ道具は「誰にでも」、「手軽に」使える手法だから、すでに使っている物があるかもしれないね。一方でどの手法も「目的に応じて適切に使うこと」が大事なんだ。

それに「グラフ」っていっても、「棒グラフ」や「折れ線グラフ」みたいに色々な種類があるよね？
どれのことを指しているの？

QC検定3級では、主に6種類のグラフが出題されているよ。それぞれの特徴と活用場面を理解することが大切だから、順番に解説するね。

(1) グラフの特徴

「グラフ」とは、「数値データを目的に応じて図式化し、視覚的に表現する手法」です。あなたも日常生活において、テレビやWebサイト、広告などで目にしているのではないでしょうか? 複雑なデータでもグラフ化することで、相手に情報が伝わりやすくなります。グラフには一般的に次の三つの特徴があります。

①目で見てわかり、理解しやすい。
②かんたんに作成できる。
③万国共通。

これらの理由から、品質管理においてもデータをグラフにすることで、誰とでも、かんたんに情報を共有することができ、問題の見える化に役立ちます。

(2) グラフの種類

代表的な6種類のグラフとその特徴を表8.2に示します。

▼表8.2 グラフの種類と特徴

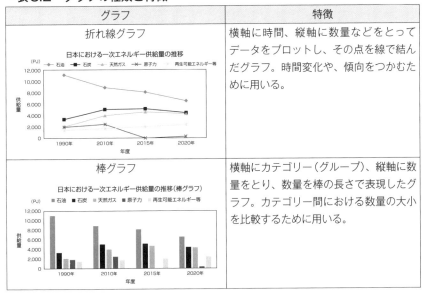

グラフ	特徴
折れ線グラフ	横軸に時間、縦軸に数量などをとってデータをプロットし、その点を線で結んだグラフ。時間変化や、傾向をつかむために用いる。
棒グラフ	横軸にカテゴリー(グループ)、縦軸に数量をとり、数量を棒の長さで表現したグラフ。カテゴリー間における数量の大小を比較するために用いる。

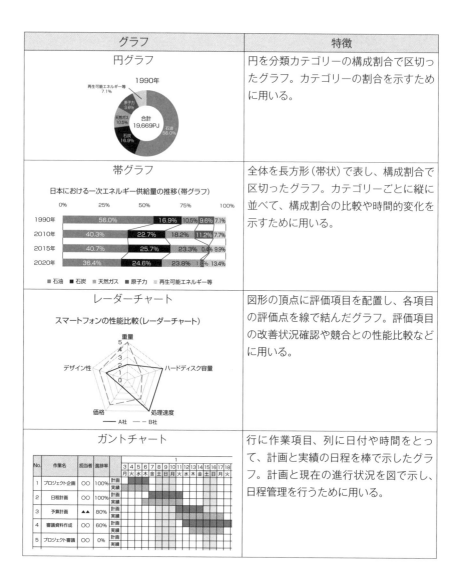

グラフ	特徴
円グラフ	円を分類カテゴリーの構成割合で区切ったグラフ。カテゴリーの割合を示すために用いる。
帯グラフ	全体を長方形（帯状）で表し、構成割合で区切ったグラフ。カテゴリーごとに縦に並べて、構成割合の比較や時間的変化を示すために用いる。
レーダーチャート	図形の頂点に評価項目を配置し、各項目の評価点を線で結んだグラフ。評価項目の改善状況確認や競合との性能比較などに用いる。
ガントチャート	行に作業項目、列に日付や時間をとって、計画と実績の日程を棒で示したグラフ。計画と現在の進行状況を図で示し、日程管理を行うために用いる。

(3) 折れ線グラフ

　ここからは具体的なデータを用いて各グラフの形状と特徴を説明します。使用するのは経済産業省ホームページに公開されている「日本における一次エネルギー供給量」のデータ。内容は各年度におけるエネルギー源別の供給量を調査したデータです。

▼表8.3　グラフ作成用データの例

日本における一次エネルギー供給量[1]

（単位：PJ）

年度	石油	石炭	天然ガス	原子力	再生可能エネルギー等
1990年	11,008	3,318	2,056	1,884	1,403
2010年	8,858	4,997	3,995	2,462	1,683
2015年	8,138	5,154	4,657	79	1,991
2020年	6,543	4,419	4,272	327	2,402

　初めに上記データを用いて作成した「折れ線グラフ」を示します。折れ線グラフは時系列の変化をみるのに適したグラフ。ただ作るのではなく、時間変化や傾向から何がその要因として考えられるかを考察することが大切です。

　図8.1を見ると石油は全体的に減少傾向、石炭・天然ガスは2015年頃から減少傾向にあることが読み取れます。これはおそらく2015年のパリ協定など「環境保護意識の高まりによる脱化石燃料の取り組み」によるものと推察されます。次に原子力は2010年から2015年で大きく減少していることがわかります。これは2011年の東日本大震災をきっかけとした「脱原発への取り組み」によるものと推察されます。最後に再生可能エネルギーは僅かながら増加傾向にあることが読み取れます。これは「持続可能な社会の実現に向けた取り組み」によるものと考えられます。このようにグラフの変化から、その要因を考えることが問題解決においては重要です。

1　参照元：経済産業省　令和2年度（2020年度）エネルギー需給実績
https://www.enecho.meti.go.jp/statistics/total_energy/pdf/gaiyou2020fyr.pdf

▼図8.1　折れ線グラフの例

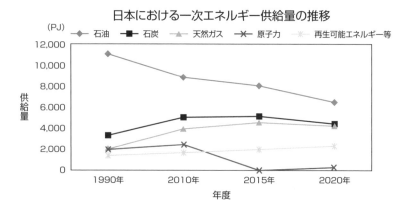

（4）棒グラフ

　「棒グラフ」は「棒の長さによって数量の大小が比較しやすいグラフ」です。図8.2のグラフを見るとわかるように、時系列の変化だけではなく「各年度においてどのエネルギー分野の供給量が多いのか」を比較しやすいことがわかります。

　具体的に説明すると1990年は石油の供給量が圧倒的に多かったのに対し、2020年はエネルギー分野間の差が小さくなっていることがわかります。

　棒グラフと折れ線グラフはその「使いやすさ」と「理解しやすさ」から、新聞やテレビ、それにWebサイトなどさまざまなメディアで頻繁に使われるグラフです。

▼図8.2　棒グラフの例

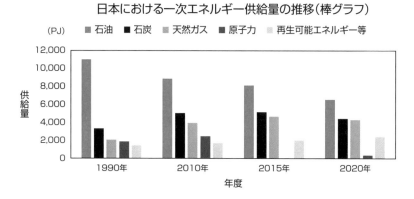

(5)円グラフ・帯グラフ

「円グラフ」や「帯グラフ」は共に、各カテゴリーが全体に対してどれくらいの割合を占めるか？という「構成割合の把握に役立つグラフ」です。特に帯グラフは縦に重ねることで、時系列に伴う構成割合の変化が理解しやすくなります。

▼図8.3　帯グラフの例

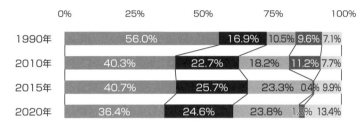

日本における一次エネルギー供給量の推移（帯グラフ）

▼図8.4　円グラフの例

8

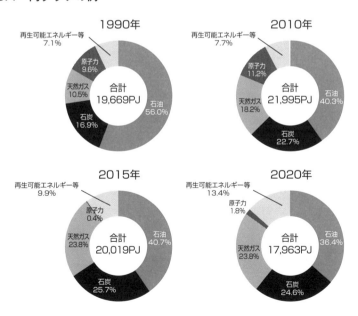

(6) レーダーチャート

　「レーダーチャート」は「競合する製品やサービスなどの性能比較に役立つグラフ」です。たとえば、A社とB社のスマートフォンの性能を比較するために、「重量」、「ハードディスク容量」、「処理速度」、「価格」、「デザイン性」の五つの特性値を各5段階評価したものが以下の表8.4です。

▼表8.4　レーダーチャート作成用データの例

項目	A社	B社
重量	2点	5点
ハードディスク容量	5点	2点
処理速度	5点	3点
価格	1点	4点
デザイン性	3点	4点

（点数の基準　5点：良い⇔1点：悪い）

　このデータをレーダーチャートで表すと図8.5のようになります。A社のスマートフォンはハードディスク容量や処理速度が高いヘビーユーザー向けな製品であるのに対して、B社の製品は重量、価格、デザイン性で優れたライトユーザー向けの製品であると推察されます。このようにレーダーチャートを用いることで各製品の特徴を視覚的に確認することができます。

▼図8.5　レーダーチャートの例

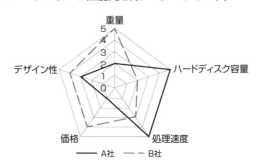

スマートフォンの性能比較（レーダーチャート）

(7) ガントチャート

　「ガントチャート」は「プロジェクトなどの日程管理に役立つグラフ」です。図8.6の例のようにプロジェクトの作業要素ごとに担当者と計画日程を明確化し、作業の進捗率と実績日程を記入します。作業計画と進捗状況をプロジェクトメンバー間にて共有することで、「納期遵守」や「プロジェクトの確実な遂行」に役立ちます。

▼**図8.6　ガントチャートの例**

No.	作業名	担当者	進捗率		3月	4火	5水	6木	7金	8土	9日	10月	11火	12水	13木	14金	15土	16日	17月	18火
1	プロジェクト企画	○○	100%	計画																
				実績																
2	日程計画	○○	100%	計画																
				実績																
3	予算計画	▲▲	80%	計画																
				実績																
4	審議資料作成	○○	60%	計画																
				実績																
5	プロジェクト審議	○○	0%	計画																
				実績																

8

8-3　パレート図

　七つ道具の一つ「グラフ」が6種類もあるなんて聞いてないよ…
もうお腹いっぱいなんですけど。

　まぁまぁ、そういわずに。ここからが本番だから(笑)。
次は「パレート図」を紹介するよ。これもグラフの一種で、問題解決型QCストーリーの「現状把握」で良く使われる図なんだ。

　「パレート図」もグラフだけど特別ってこと?
問題解決型QCストーリーの「現状把握」ってどんなのだっけ?

詳しくは第3章を振り返ってほしいけど、かんたんに
いうと「工程や品質の現状を分析して、重点指向で攻
めどころを決める」ステップだよ。
「パレート図」はまさに最適なグラフなんだ。
詳しく説明するね。

（1）パレート図とは

　「パレート図」とは、「横軸に層別した項目、左縦軸に出現頻度、右縦軸に累積
比率を示したグラフ」です。項目は出現頻度が多い順に左から並べます。「パレー
ト図」という名前は、「全体の数値の大部分は、全体を構成する内の一部の要素
が生み出している」という「パレートの法則」に由来しています。パレート図を使
うことで「どの項目が全体に対して占める割合が大きいのか」を視覚的に確認で
きるため、重点指向にて改善をする際に役立つQC七つ道具です。

　具体的な例で説明すると、ある製品における不適合項目のパレート図が図8.7
です。不適合項目は6項目ありますが、全体の約76％は上位2項目の「塗装不
良」と「汚れ」で占められています。改善を行う際は、全項目を対策するのでは
なく、重点指向に基づき上位2項目を優先することで効率的な対策ができます。

▼表8.5　パレート図作成用データの例

不適合項目	件数 （件）	全体に 対する割合 （%）	累積比率 （%）	1件あたりの 損失金額 （千円）	損失金額 （千円）
塗装不良	370	42.0	42.0	1.4	518
汚れ	299	34.0	76.0	1.2	359
メッキ不良	132	15.0	91.0	6.1	805
錆	31	3.5	94.5	1.2	37
きず	26	3.0	97.5	1.2	31
バリ	22	2.5	100.0	1.1	24
合計	880	100	―	―	1774

▼図8.7 パレート図の例（不適合件数）

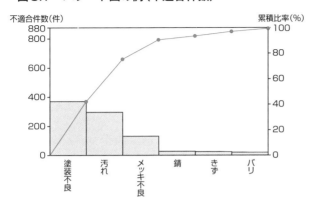

一方、企業活動においては不適合件数ではなく、「損失金額で優先順位を決める」という考え方も重要です。なぜなら、企業活動においては利益を出すことが大きな目的だから。同じ事例で左縦軸を「損失金額」として作成したパレート図が図8.8です。これを見ると「メッキ不良」と「塗装不良」が上位2項目であり、全体の約75％を占めています。これらを対策したほうが効率的かつ経済的な改善ができそうです。

▼図8.8 パレート図の例（損失金額）

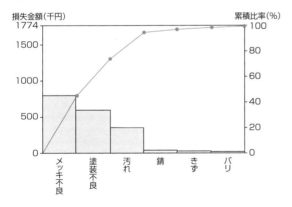

（2）パレート図による改善効果の確認

　パレート図は「現状把握」だけでなく「改善効果の確認」においても有効な道具です。先程の事例における改善前と改善後のパレート図を図8.9に示します。二つのパレート図における左縦軸の目盛りを揃えて、最大値を「各損失金額の合計値」とすることで、その差分を「改善効果」として「見える化」できます。

　この例では「メッキ不良」と「塗装不良」の改善で、合計1,104（千円）の改善効果を獲得しています。

　このように改善効果を視覚的に表すことで、「周囲（上層部）へのアピールになる」、「メンバーのモチベーション向上につながる」などの効果が期待できます。

▼**図8.9　改善前と改善後におけるパレート図の例**

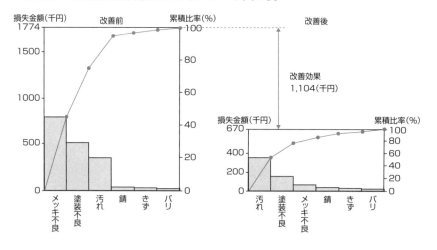

8-4　特性要因図

パレート図は「重点指向での改善」にピッタリの図だね、QC七つ道具に入っているのも納得だったな。
他にはどんな便利道具があるの？

ようやくQC七つ道具に興味を持ってもらえたみたいだね（笑）。
次は「特性要因図」を紹介するよ。
通称「魚の骨図」とも呼ばれてるんだ。

魚の骨？？
QCと魚が何か関係するの？
解説お願いしまーす。

（1）特性要因図とは

　「特性要因図」とは、「ある特性（主に不具合事象）の要因を系統的に層別することで、結果（特性）と原因（要因）の関係を整理した図」です。主に問題解決型QCストーリーの「要因解析」ステップにて、要因を洗い出し、真因を特定するために使われます。その形が似ていることから「魚の骨図（fish bone diagram）」とも呼ばれています。

8

▼図8.10　特性要因図の例

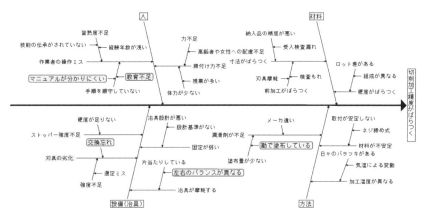

（使用ソフト：統計解析業務パッケージ JUSE-StatWorks/V5）

(2) 特性要因図の作成手順

特性要因図の具体的な作成手順は、以下の通りです。

■**手順1：解析の対象とする特性 (不具合事象) を決める。**

■**手順2：手順1で決定した特性をトップ(頭)として、右向きに太い矢印(背骨)を引く。**

■**手順3：背骨から斜めに大骨の矢印を引き、その先端に大要因を記載する。**

■**手順4：上位の要因に対して「なぜ？」を繰り返しながら、大骨から中骨、小骨、孫骨と系統的に要因を列挙する (なぜなぜ分析)。**

■**手順5：特性に対する影響度が特に大きいと思われる要因に丸を付ける。**

■**手順6：必要事項 (作成年月日、作成部署、検討メンバーなど) を記載する。**

▼図8.11　特性要因図における各部の名称

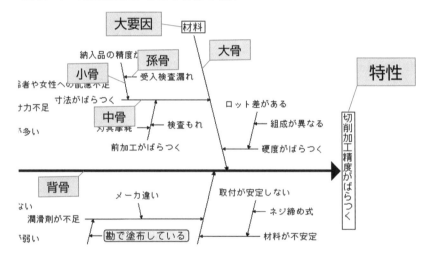

特性要因図を作成する際に注意するべき点は以下の三つです。

① 関係者全員が集まり、ブレインストーミングにて要因を列挙する。
②大骨 (大要因) は抜け漏れがないように、フレームワーク思考で層別する。
③重要と考えた要因に対しては、データ等を用いて「検証」を行う。

それぞれかんたんに説明します。

■①関係者全員が集まり、ブレインストーミングにて要因を列挙する。

特性要因図は1人で作成するのではなく、不具合事象に関係する全員で作成することが大切です。具体的には専門分野、役職、経験年数の異なる多彩なメンバーが集まり、ブレインストーミングにて自由にアイデアを出し合います。ブレインストーミングは「集団発想法」とも呼ばれ、集団でアイデアを出し合うことで「より良い方法」を発見するための技法です。その四つの原則として、

> ・他人の意見を批判しない。
> ・自由でユニークなアイデアを歓迎する。
> ・質より量を重視する。
> ・アイデアを結合させ発展させる。

この四原則を参加者全員が守ることで、より良いアイデアが生まれるとされています。

■②特に大骨は抜け漏れがないようにフレームワーク思考で層別する。

特性(不具合事象)に対し最初の分岐点となる大骨は、特に抜け漏れがないことが重要です。フレームワーク思考とは、「抜け漏れがないようにあらかじめ考えられた論理的な層別方法」のことです。具体的には「4M」や「4P」[2]がよく使われます。

> ・4M：Material(材料)、Man(人)、Machine(機械)、Method(方法)
> ・4P：Place(流通)、Price(価格)、Product(製品)、Promotion(販売促進)

これらを大骨として、中骨、小骨へと系統的に展開していくことで、要因を漏れなく洗い出すことができます。

■③重要と考えた要因に対しては、データ等を用いて「検証」を行う。

重要として丸で囲った要因は、あくまでも「真因と考えられる」という「仮説」に過ぎません。「本当にそれが特性(不具合事象)に対する真因なのか？」と疑問を持ち、データ等を集めて「検証」を行うことが非常に重要です。検証を怠ると、「対策を実行したが効果がなかった」、「やり直しになってしまった」という事態になりかねません。実務では見落とされがちな点ですので、必ず検証を行いま

2　参考元：https://www.kaonavi.jp/dictionary/mece/#MECE-10

しょう。

（3）特性要因図の活用方法

特性要因図は主に三つの用途に活用できます。

■1. 職場・工程の解析や改善に活用する。

【例】生産ラインにおける不適合品数をパレート図で解析したところ、「切削加工不良」が最も多かったため、特性要因図でその真因を追求する。

■2. 職場・工程の管理するべき項目を整理し、管理に活用する。

【例】塗装工程の重要な特性である「塗装ムラ」を管理するため、特性要因図で管理のポイントを整理し、管理に活用する。

■3. 教育・訓練に活用する（ノウハウの蓄積）

【例】QCサークル会合などで問題となっている特性を取り上げ、特性要因図を作成する課程を通じて、品質意識を高める。

8-5　チェックシート

特性要因図では影響度が大きいと考えた要因に対して、データで検証することが大切なんだね。
でもデータを集めるのって苦手だなぁ。記録し忘れたり、必要な項目が抜けてたりで、やり直しになることが多いんだ。

データを集めるときに役立つQC七つ道具が「チェックシート」だよ。チェックシートを活用すると、抜け漏れなく効率的にデータが集められるんだ。

チェックシートって「やるべきことを箇条書きにして、忘れないようにするリスト」じゃないの？
データ集めに役立つとは思えないけど。

チェックシートにも種類があって、あきら君が言っているのは「点検用チェックシート」のことだね。他には「記録用チェックシート」があるんだ。用途によって使い分ける必要があるから説明するね。

(1) チェックシートとは

　「チェックシート」とは、試験・検査・製造作業等の現場にて「データや情報をできるだけかんたんに集めるために、必要な項目・図などを前もって用意したもの」です。チェックシートの活用によって、現場の作業員が自らの手で、かんたんに抜け漏れなくデータを集めることができるというメリットがあります。

　チェックシートはその目的によって大きく二種類に分けることができます。一つ目はデータを集めるための「記録用チェックシート」。二つ目は定められた点検項目が抜け漏れなく満足しているかを調査するための「点検用チェックシート」です。

　どちらも抜け漏れのないチェックやデータの記録がかんたんにでき、整理も容易という特徴があります。

8

(2) チェックシートの作り方

　チェックシートは、下の手順で作成します。

■手順1：チェックシートを作成する目的を決める。

　「何のためにチェックするのか」、「どんなデータを集めるのか」といった目的を明確にします。

■手順2：使用するチェックシートの種類（様式）を決める。

　表8.6にて説明する「チェックシートの種類」から、目的に合うものを選定します。

■手順3：チェックシートの運用方法を決める。

　作成したチェックシートをいつ、誰が、どこで、何を、なぜ、どうやって（5W1H）運用するのかを明確にします。

■手順4：チェックシートを使用してチェックを行う。

　実際に現場にてデータの収集や点検を行います。「データのかたより」や「事実の隠蔽」がないように、先入観や意図を込めず、機械的に実施することが大切で

す。また、チェックする際に気になったことはメモを取りましょう。原因究明の
ヒントになるかもしれません。

■手順5：収集した結果を整理する。

　集めたデータはパレート図・ヒストグラム・グラフなどを活用して整理します。
視覚的に表現することで気づきが得られるかもしれません。関係者で結果を共
有し、考察することが大切です。

■手順6：チェックシートを保管する。

　チェックシートに記録者、記録日時、対象製品などを記載し、適切に保管し
ます。改善効果を確認したり、将来の改善に役立つ場合があります。

（3）チェックシートの種類

　チェックシートはその目的に応じて5種類の代表的な様式があります。以下
の表8.6はその種類と用途をまとめたものです。

▼表8.6　チェックシートの種類と用途

大分類	名称	用途
記録用	不適合項目別記録用チェックシート	どのような不適合項目が多く発生しているかを調べるために使用される。
	不適合要因別記録用チェックシート	不適合項目ごとの発生状況を、要因と考えられる項目別にチェックし、不適合項目の原因を調べるために使用される。
	分布状況記録（工程分布または度数分布記録）用チェックシート	特性（計量値）における分布の中心やデータのばらつき、規格値との関係などを調査するために使用される。
	不適合位置記録用チェックシート	製品の展開図等を用いて、不適合項目の発生位置を調査するために使用される。
点検用	点検用チェックシート	設備点検や作業前点検などにおいて、チェック漏れ、チェック忘れなどを防止するために使用される。

　ここからは各チェックシートの詳細について説明します。

■不適合項目別記録用チェックシート

「不適合項目別記録用チェックシート」は、「どのような不適合項目が多く発生しているか」を調べるために使用されるチェックシートです。

予測される不適合項目をあらかじめ用紙に記入しておき、不適合品が発生するたびに、該当項目の記録欄に斜線マーク「###」もしくは「正」の文字を記入します。どの項目がどの程度発生したのかを把握できるため、集めたデータをパレート図にすれば、改善の攻めどころを決める際に役立ちます。

▼図8.12 不適合項目別記録用チェックシートの例

製品：バルブ	ロット：A1839	工程：樹脂成形
測定方法：目視	期間：3/1～3/15	

不適合項目 ＼ 品種	品種A	品種B	品種C	品種D	品種E	合計
変形		/				1
欠け	/	/		/		3
汚れ	/	/	/	/	/	5
キズ	///	###	//	///	///	16
膨れ			### ///			8
その他		/		/	/	3
合計	5	9	11	6	5	36

171

■不適合要因別記録用チェックシート

　「不適合要因別記録用チェックシート」は、「不適合項目と想定される要因との関係」を調べるためのチェックシートです。

　あらかじめ想定される要因（作業者、機械、曜日、時間帯など）を用紙に記載しておき、不適合品が発生したら該当する記入欄に記号を書きます。記号（○△□●など）は不適合項目ごとに区別すると、不適合項目別の要因解析に役立ちます。

▼図8.13　不適合要因別記録用チェックシートの例

工程：レンズ組付　　期間：7/4〜7/8
記号　○：ビスゆるみ、△：キズ、×：欠品、●：異品組付、□：その他

生産ライン	設備	7月4日 昼	7月4日 夜	7月5日 昼	7月5日 夜	7月6日 昼	7月6日 夜	7月7日 昼	7月7日 夜	7月8日 昼	7月8日 夜	合計	合計
TS588	AS01			○			×					2	5
	AS02				●		●			●		3	
TS589	AS03			○			×					2	3
	AS04							×				1	
TS590	AS05		△							□		2	5
	AS06						△					1	
	AS07		×				△					2	
合計		0	2	2	1	0	5	1	0	2	0	13	
		2		3		5		1		2			

■分布状況記録（工程分布または度数分布記録）用チェックシート

　「分布状況記録（工程分布または度数分布記録）用チェックシート」は、調査対象となる特性値が計量値（重量、長さ、硬度、粗さ、温度、濃度など）の場合に「特性値の分布状況や規格値との関係」を調べるためのチェックシートです。

　記録の手順は、まずあらかじめ区間を区切った用紙を準備します。そして特性値を計測するたびに、該当する区間の記録欄に斜線マーク「///」や「正」の文字を記入します。計測が終わったら、区間ごとの度数を集計し、集めたデータを「ヒストグラム」などで可視化することで、「規格値との余裕度合い」や「分布の形状」を確認する際に役立ちます（詳細は「8-6 ヒストグラム」を参照のこと）。

▼図8.14　度数分布記録用チェックシートの例

加工精度チェックシート		品名	フランジ	測定日	3月7日
		規格	37.10±1.35	測定器	ノギス
		単位	mm	測定者	田中

No.	区間	中央値	10	20	30	40	50	度数
1	35.75〜36.05	35.9	//					2
2	36.05〜36.35	36.2	/// //					7
3	36.35〜36.65	36.5	/// ////					9
4	36.65〜36.95	36.8	/// ///	/// ///				20
5	36.95〜37.25	37.1	/// ///	/// ///	/// ///			30
6	37.25〜37.55	37.4	/// ///	/// ///	//			22
7	37.55〜37.85	37.7	/// ///	////				14
8	37.85〜38.15	38.0	///					5
9	38.15〜38.45	38.3	//					2
10	38.45〜38.75	38.6	/					1
							合計	112

■不適合位置記録用チェックシート

「不適合位置記録用チェックシート」は「不適合項目が製品のどの位置に発生したか」を調査するためのチェックシートです。

あらかじめ製品図を準備しておき、不適合項目が発生するたびに、どの位置に不適合が発生したのかを製品図に記録します。これにより不適合が製品のどの位置に多く発生するのかを明確に把握することができます。また不適合項目

▼図8.15　不適合位置記録用チェックシートの例

キズ発生位置チェックシート		日付	2022/3/9
		検査員	太田
製品名	プレート	品番	A593

の種類が多い場合は「○、△、□、×」などの記号で区別すると、不適合種類別の原因追求に役立ちます。

■点検用チェックシート

　「点検用チェックシート」は「あらかじめ決められた点検項目が漏れなく実施されているか」を確認するためのチェックシートです。たとえば、「設備の始業前点検」や「業務の実施項目」など、抜け漏れなく確実に実施するべきことを管理する際に役立ちます。

　チェックシートには点検項目、基準、判定方法、日付、実施者（担当者）、点検周期、異常時の対応方法、保管方法、保管期間等をあらかじめ記載しておきます。実施者（担当者）が点検をする際は、記載された項目に従いチェックし、問題なければ「○」、異常があれば「×」などの記号を該当欄に記入します。また用紙は誰もが目に付く場所に掲示し、定期的に承認者が確認を行なうことで、チェック漏れ、チェック忘れなどを確実に防止し、効果的な運用ができます。

▼図8.16　点検用チェックシートの例

設備点検チェックシート				担当者		山口			
ラインNo	T5084	設備名	樹脂成型機	承認者		北川			
点検周期	始業時	設備型式	VM1-4	日付					
No	点検項目	基準	判定方法	3/7	3/8	3/9	3/10		
1	安全カバーに異常はないか	異常ないこと	目視	○	○	○	○		
2	ドアスイッチは正常に作動するか	設備停止	ドア開閉	○	○	○	○		
3	樹脂ヒーター温度は正常か	基準値±1℃	温度計	○	○	○	×		
4	型ロックの取付けは正常か	位置ずれないこと	目視	○	○	○	○		
5	動作音は正常か	異音なきこと	耳聞	○	○	○	○		
6	油圧は正常か	基準値±2MPa	圧力計	○	○	○	○		
異常時の対応	製造課長から保全係へ連絡								
保管方法	月毎にまとめて書庫に保管	保管期間	3年間						

8-6 ヒストグラム

チェックシートを使ってデータを集めて、グラフやパレート図でデータを解析するんだね。
「度数分布記録用チェックシート」で出てきた「ヒストグラム」も解析に使える道具なの？

うん。「ヒストグラム」は主に「一つの計量値」の分析に使うQC七つ道具なんだ。
QC検定3級でも頻出する「とても重要な」グラフだから詳しく解説するね。

（1）ヒストグラムとは

　「ヒストグラム」とは、「縦軸にデータの出現数（度数）、横軸にデータの数値（特性値）をとった棒グラフ（柱状図）」です。温度や重量など数値で表される特性値（計量値）について、「どんなばらつき方をしているか」、「平均値はどれくらいか」、「分布の形状はどんな状態か」などを視覚的に把握することができます。

　ヒストグラムで用いられる用語は次の七つです。

8

▼**図8.17　ヒストグラムで使用される用語**

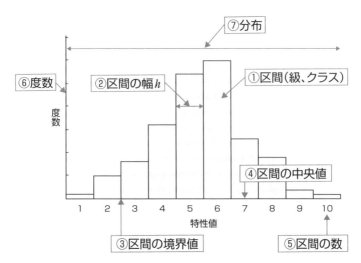

①区間（級、クラス）：データをある区間で区切った間
②区間の幅h：一つの区間の幅（大きさ）
③区間の境界値：区間と区間の境目の値
④区間の中央値：ある区間における中心の値（中央値）
⑤区間の数：棒（柱）の本数
⑥度数：区間の中に入るデータ数
⑦分布：データのばらつき状態

（2）ヒストグラムの作り方

　ヒストグラムは以下の手順で作成します。

■**手順1：対象とする特性値を決める。**

・数値データ（計量値）であること。

■**手順2：データを集める**

・データ数$n＝100$個以上が望ましい。

・層別されたデータが望ましい（設備別、作業者別、曜日別など）。

・特定の時間帯やロットにかたよらないよう無作為（ランダマイズ）に取得する。

▼表8.7　ヒストグラム作成用データの例

	:最大値				:最小値					n=112	
37.0	37.2	37.4	37.1	36.6	37.1	36.7	37.2	36.1	36.9	37.3	37.2
37.2	37.1	37.3	37.4	37.6	37.2	37.6	37.2	37.7	36.3	37.9	36.9
37.1	36.3	37.4	37.7	36.7	37.4	37.4	36.0	36.6	36.6	37.8	
36.8	36.9	36.3	36.5	37.1	37.1	37.1	36.8	37.3	37.1	36.1	
37.2	36.5	36.7	37.3	37.5	37.3	36.7	37.2	37.7	37.4	36.8	
36.5	37.9	36.9	37.0	37.0	36.9	35.8	37.3	37.3	37.4	38.2	
37.0	37.3	38.0	36.8	38.5	37.1	36.7	36.9	37.6	37.0	36.5	
37.2	37.8	36.8	36.8	37.5	37.0	37.4	37.2	38.3	37.9	36.9	
36.0	37.1	36.5	36.9	37.7	37.3	37.2	37.7	37.7	37.9	37.7	
37.1	37.8	37.8	37.0	37.5	36.2	37.3	37.0	36.6	37.4	36.7	

■手順3：データの最大値と最小値を求める。

■手順4：区間の数を決める

- 区間の数 $\fallingdotseq \sqrt{(データ数\ n)}$　※整数値に四捨五入。

  ※次ページの図8.18と図8.19では、あえてわかりやすいように区間数を10としています。

■手順5：区間の幅 h を決める

- 区間の幅 $h \fallingdotseq \dfrac{最大値－最小値}{区間の数}$

- 最小測定単位（例：0.1、0.01など）の整数倍に四捨五入。

■手順6：区間の境界値を決める。

- 第1区間の下限境界値を以下の式で求める。

$$第1区間の下限境界値 = 最小値 - \dfrac{最小測定単位}{2}$$

- 第1区間の下限境界値に順次 h を加えて、各区間の境界値を求める。

■手順7：区間の中央値 (x) を決める。

$$区間の中央値(x) = \dfrac{区間の下限境界値＋区間の上限境界値}{2}$$

■手順8：データの度数を数え、度数表を作成する。

- 「度数分布記録用チェックシート」を活用すると良い。

8

▼**図8.18　度数分布記録用チェックシートの例**

加工精度チェックシート		品名	フランジ	測定日	3月7日
		規格	37.10±1.35	測定器	ノギス
		単位	mm	測定者	田中

No.	区間	中央値	10	20	30	40	50	度数
1	35.75～36.05	35.9	//					2
2	36.05～36.35	36.2	//// //					7
3	36.35～36.65	36.5	//// ////					9
4	36.65～36.95	36.8	//// ////	//// ////				20
5	36.95～37.25	37.1	//// ////	//// ////	//// ////			30
6	37.25～37.55	37.4	//// ////	//// ////	//			22
7	37.55～37.85	37.7	//// ////	////				14
8	37.85～38.15	38.0	////					5
9	38.15～38.45	38.3	//					2
10	38.45～38.75	38.6	/					1
							合計	112

■**手順9：ヒストグラムを作成する。**

▼**図8.19　ヒストグラムの例**

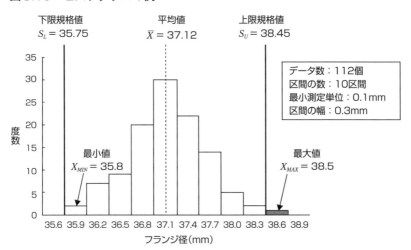

■**手順10：平均値や規格線を記入する。**

・平均値を示す線は点線とする。

・規格値を示す線は実線とする。

8-7　ヒストグラムの見方

ヒストグラムを作るのはけっこう大変だね。
とりあえず手元のデータで作ってみたけど…
なんか「山が二つ並んだような形」になっているよ？

それは「二山型」と呼ばれる分布形状だね。平均値が
異なる二つの分布が混在しているから「層別」を検討
する必要があるよ。
ヒストグラムは作った後の「見方」がとっても重要な
んだ。

8

（1）ヒストグラムの見方

　ヒストグラムはただ作るだけではなく、分布全体の姿に着目し、分布状態の
傾向を把握することが重要です。代表的な七つの分布型と推定される要因を
表8.8に示します。ヒストグラムの分布型を確認することで、工程の状態を確認
でき、改善に向けた層別の必要性や、異常値の有無などを知ることができます。

▼**表8.8　ヒストグラムの分布型と推定要因**

名称	分布状態	分布の説明	推定要因など
一般型	左右対称	一般的に多く見られる分布。中心が高く、左右対称に減衰する。「正規分布」と呼ばれる（第10章参照）。	重要な要因が管理され、工程が安定している状態。
高原型	中央付近が平坦	中央付近の度数に変化が少なく平坦な分布	平均値の異なるいくつかの分布が混在している。層別が必要。

179

名称	分布状態	分布の説明	推定要因など
二山型	二つの山がある	中央付近の度数が少なく、左右に二つの山があるような分布。	平均値の異なる二つの分布が混在している。層別が必要。
右または左すそ引き型	片側にかたよっている	分布の中心が右や左にかたよっており、片方へ「すそを引く」ような形。	理論的にある値以上（以下）にならない。規格値が上限（下限）で押さえられている。
左右絶壁型	片側の端が切れている	すそ引き型の極端な形。片側の端において急に度数が減少した分布。	全数検査で規格値から外れるものを除去している。選別している。
歯抜け型またはくし歯型	でこぼこしている	区間の一つおきに度数が少ない分布。歯抜けや「くし」のような形。	区間の幅が最小測定単位となっていない。測定の読み取り方にクセがある。
離れ小島型	離れた山がある	一般型の左右どちらかに、離れ小島のような少量の山がある分布。	管理から外れた「異常値」が含まれている可能性がある。

(2) 規格値との比較

ヒストグラムに規格線を記入すると、以下三つの嬉しさが生まれます。

①データ分布の中心と、規格の中心が一致しているかを確認しやすい。
②ばらつきの大きさと、規格幅の比較がしやすい。
③不適合品（規格外れ）がどれくらいあるかを確認しやすい。

上限規格：S_U、下限規格：S_L、規格幅（公差）：$S_U - S_L$として代表的な「データ分布と規格線との関係」を表8.9に示します。データ分布と規格線の関係を確認して「どのような改善の方向性で進めるか」を判断できることが大切です。

▼表8.9　データ分布と規格線の位置関係

名称	分布と規格線の位置関係	特徴と改善の方向性
理想型	S_L　規格　S_U　データ分布	データ分布と規格の中心がほぼ一致しており、かたよりがない。データ分布は規格の中に入っており左右に余裕がある。標準偏差の8倍くらいの規格幅が理想的。
片側に余裕がない型	S_L　規格　S_U　データ分布	データ分布は規格の中に入っているが、分布の中心がかたよっており、片側に余裕がない。平均値が規格の中心にくるように改善する必要がある。
両側規格ぎりぎりで余裕がない型	S_L　規格　S_U　データ分布	データ分布と規格の中心は一致しているが、ばらつきが大きく、規格ぎりぎりで余裕がない。データのばらつきを改善する必要がある。
ばらつきが大きい型	S_L　規格　S_U　データ分布	ばらつきが大きすぎるため不適合品が発生している。全数検査を行い不適合品の流出を防止した上で、早急にばらつきを改善する必要がある。
不適合品除去型	S_L　規格　S_U　データ分布	データ分布と規格の中心がずれており、ばらつきも大きい。規格外の不適合品を除去した後の分布。ばらつきを小さくして、分布と規格の中心を合わせる必要がある。
余裕が十分ある型	S_L　規格　S_U　データ分布	規格幅に対してばらつきが非常に小さく余裕を持ちすぎている。もしばらつきの抑制にコストがかかっているなら、工程を簡素化するなど、品質管理のコストダウンが検討できる。

8

（3）ヒストグラムの層別

　QC七つ道具を使って工程改善を行う際には、「層別」により層間の違いを明確にすることが問題解決の近道です。ここではヒストグラムにおける層別の例を紹介します。

　Z社ではカメラ向けの精密機械部品を製造していますが、寸法の規格外れが発生しています。そこで現状調査のために$n=150$のサンプリングを行い、ヒストグラムを作成しました。全体のヒストグラムは「ばらつきが大きい型」で、上限規格、下限規格の両方で規格外れが発生していることがわかりました。

▼**図8.20　層別前のヒストグラム**

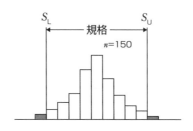

　さらに要因解析を進めるため、部品の製造ライン別に層別を行い、ヒストグラムを作成しました。これらのヒストグラムから、Aラインはばらつきが小さく規格外れは発生していないが、Bラインはばらつきが大きく、規格外れが発生していることがわかりました。そのためBラインに対して、ばらつきを抑える対策が必要と判断しました。

▼**図8.21　層別後のヒストグラム**

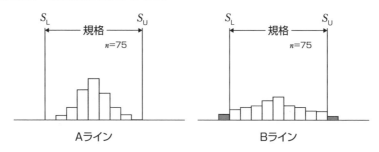

　このようにヒストグラムを層別することで、要因を明確化することができます。

8-8 工程能力指数

ヒストグラムに規格線を追加すると、品質に余裕が
あるかどうかが、視覚的にわかりやすいね。
でも余裕度の判断は人によって差が出ないかな?
自分ならちょっとギリギリでもOKにしそう(笑)。

あきら君のようにグラフだと甘めに読み取ってしまう
人でも、公正に判断できる「指標」として「工程能力指
数」があるよ。
工程能力指数を使えば「工程の品質に関する能力」が
数値で示せるんだ。

せっかく自分に有利なように読み取ろうと思ったのに
…
ちょっと迷惑な指標だなぁ(笑)。
仕方ないから詳しく教えてくれる?

8

(1) 工程能力指数とは

　「工程能力指数」とは、「工程が安定状態にあるときに、どの程度のばらつきで
品質を実現できるかの能力を示す指標」です。「精密さ」や「精度」の指標ともい
えます。ばらつきが小さい方が工程能力指数は大きな数値となり、「精度が高い」
ことを示します。

　工程能力指数には平均値のかたよりを考慮しない「C_p」と、平均値のかたより
を考慮する「C_{pk}」の2種類が広く使われています。一般的に工程が管理状態にな
いときは「規格の中心」と「分布の中心」がずれている場合が多く、その際は「C_{pk}」
を使用する必要があります。

(2) 工程能力指数の計算式

　表8.10に規格のパターン(両側規格・片側規格)ごとに工程能力指数の計算式
を整理した表を示します。ここでは平均値($\bar{x}$)、標準偏差(s)、上限規格値(S_U)、
下限規格値(S_L)で表します。

▼表8.10　規格パターン別における工程能力指数の計算式

工程能力指数	規格	計算式	イメージ
C_p	①両側規格	$C_p = \dfrac{S_U - S_L}{6s}$	
	②片側規格（下限規格）	$C_p = \dfrac{\bar{x} - S_L}{3s}$	
	③片側規格（上限規格）	$C_p = \dfrac{S_U - \bar{x}}{3s}$	
C_{pk}	④両側規格（下限寄り）	$C_{pk} = \dfrac{\bar{x} - S_L}{3s}$	
	⑤両側規格（上限寄り）	$C_{pk} = \dfrac{S_U - \bar{x}}{3s}$	

表8.10から、「②と④」また「③と⑤」の右辺はいずれも同じになっています。これは平均値の寄っている側の規格に対するC_{pk}と、同じ側の片側規格における

C_pは同じであることを示しています。

また、C_{pk}は以下の式でも求めることができますが、複雑なので表8.10で片側規格のC_pと併せて覚えておくことをおすすめします。

$$C_{pk} = (1-k)\frac{S_U - S_L}{6s}$$

$$k：かたより度$$

$$k = \frac{|(S_U + S_L) - 2\bar{x}|}{S_U - S_L}$$

(3) 工程能力指数の評価基準

工程能力指数の「基準」は通常「平均値±3σ（σはデータの標準偏差）」です。すなわち、規格と分布の中心が一致しており、「規格幅（公差）：$S_U - S_L$」と「標準偏差の6倍（6σ）」が一致するとき「$C_p = 1.00$」となります。

一般的に工程能力は、C_pまたはC_{pk}が「1.33以上であれば十分」とされています。図8.22に工程能力指数と分布の関係を、表8.11に工程能力指数の評価基準を示します。

8

▼図8.22　工程能力指数と分布の関係

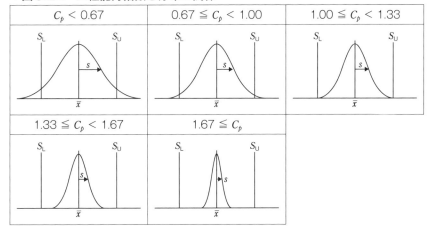

185

▼表8.11　工程能力指数の評価基準

C_pまたはC_{pk}の値	工程管理能力有無の判断
$C_p < 0.67$	工程能力は非常に不足している。
$0.67 \leqq C_p < 1.00$	工程能力は不足している。
$1.00 \leqq C_p < 1.33$	工程能力は十分とはいえないがまずまずである。
$1.33 \leqq C_p < 1.67$	工程能力は十分である。
$1.67 \leqq C_p$	工程能力は十分すぎる。

8-9　散布図

確かに工程能力指数を使えば品質特性と規格の関係を数値で示すことができるからわかりやすいね。ところで今の時点で七つ道具は何個目だっけ？そろそろ覚えきれないんですけど…

 ヒストグラムで5個目かな。QC七つ道具はQC検定3級で頻出する分野だからもう少し辛抱してね（笑）。次は「散布図」だね。散布図は対になった二組のデータを分析するときに使うグラフなんだ。

散布図ってExcelでかんたんに作れるよね？普段の業務でもよく使っているけど、そんなに役立つグラフなの？

 たとえば、特性要因図で抽出した「要因」と「品質特性」の関係を調べたり、品質特性が測定しにくいときに「代用特性」を探したりするのに役立つよ。詳しく説明するね。

（1）散布図とは

　「散布図」とは、「対になった二組のデータを、二つの軸の交点にプロット（打点）した図」です。ヒストグラムが一つのデータの分布を調べる道具であるのに

対して、散布図は二つのデータの関係性を調べるための道具といえます。

散布図の活用場面は主に以下の三つです。

■**①原因（要因）と結果（特性）の関係把握。**

【例】品質特性に影響を与える要因を特定する。

■**②原因（要因）と原因（要因）の関係把握。**

【例】同じ挙動を示す2要因の把握。分析する際はどちらか一方で良い可能性が高い。

■**③結果（特性）と結果（特性）の関係把握。**

【例】品質特性の測定によって機能が失われる破壊検査のような場合に、本来の品質特性と関連が強く、その代わりとなる「代替特性」を把握する。

散布図は主に以下の手順で作成します。

■**手順1：対になったデータを集める。**

・関係性を調べたい2種類のデータを集める

・2種類のデータをそれぞれ x, y とする。要因は x、結果を y とするのが一般的。

・関係性を正確に把握するために、データは $n = 30$ 組以上を集める。

■**手順2：x, y それぞれの最大値、最小値を求める。**

■**手順3：最小値から最大値までがすべて納まるように縦軸と横軸を設定する。**

■**手順4：データをプロット（打点）する。**

■**手順5：必要事項を記入する。**

具体例として、表8.12のデータを用いて散布図を作成します。この例では、ある化学薬品に加える添加物の量 x（mL）と、生成物の量 y（mL）の関係性を調べるために $n = 30$ 組のデータを集めました。

8

▼表8.12　散布図作成用データの例

No.	添加物の量 x(mL)	生成物の量 y(mL)	No.	添加物の量 x(mL)	生成物の量 y(mL)
1	7.0	83.0	16	9.2	71.0
2	5.3	66.0	17	5.3	75.0
3	5.8	62.0	18	3.4	50.0
4	5.5	71.0	19	2.9	55.0
5	4.3	66.0	20	1.3	40.0
6	7.6	72.0	21	6.8	75.0
7	3.9	49.0	22	6.2	55.0
8	2.2	50.0	23	5.1	57.0
9	4.9	66.0	24	6.6	68.0
10	9.1	64.0	25	4.2	56.0
11	5.0	87.0	26	3.5	66.0
12	3.0	35.0	27	7.2	52.0
13	4.5	44.0	28	8.5	83.0
14	1.5	30.0	29	8.8	94.0
15	2.0	35.0	30	2.8	62.0

　作成した散布図を図8.23に示します。プロット（打点）された点の分布を見ると、ばらつきはありますが、添加物の量（横軸）が増加するにつれて、生成物の量（縦軸）が増加していく傾向がわかります。「散布図の見方」については次項で詳しく説明します。

▼図8.23　散布図の例[3]

データ数：$n=30$
目的：添加物の量 x（mL）と、生成物の量 y（mL）の関係性を調べる。
製品名：薬品A
工程名：混合工程
作成者：柴森
作成日：2022年3月24日

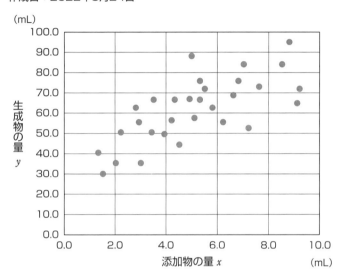

8

3　参考：日新製薬株式会社HP：

https://www.yg-nissin.co.jp/customer/kusurigadekirumade.html

8-10　散布図の見方

散布図にすると「添加物が増えると生成物も増える傾向」がわかるね。
でも関係性が分かりやすいデータばかりじゃないよね？　もっと色々なパターンがありそう。

うん、その通り。二つの特性の関係性を「相関」っていうんだ。
データによって相関の強弱や、形状、傾向は異なるから、「散布図の見方」を知っておくことが重要なんだよ。詳しく解説するね。

(1) 散布図の見方

作成した散布図における「点の散らばり方」をみることで、xとyの関係性やその強弱を判断できます。特に正規分布（第10章参照）である二つの特性に直線的な関係があることを「相関がある」といいます。具体的にはxが増加すればyも増加する関係を「正の相関がある」、xが増加するとyは減少する関係を「負の相関がある」といいます。

また、相関の有無を統計的に判断する尺度として「相関係数r」を使います。相関係数rは－1から＋1までの値をとり、－1に近づくほど強い負の相関、＋1に近づくほど強い正の相関があります（相関係数の計算方法については次項で詳しく解説します）。

散布図の見方として、代表的な散布図の様子と相関性（相関係数rの目安）の関係を表8.13に示します。

▼表8.13　散布図の見方

散布図の様子	特徴	相関性 （相関係数rの目安）
① 	Xが増加すればYも増加する。	正の相関がある （$0.8 \leqq r \leqq 1.0$）
② 	Xが増加すればYも増加するが、関係性が弱い。 他の要因も影響している可能性がある。	弱い正の相関がある （$0.6 \leqq r < 0.8$）
③ 	点が全体に散らばっている。XとYに関係性があるとはいえない。	相関がない（無相関） （$-0.6 < r < 0.6$）
④ 	Xが増加するとYは減少するが、関係性が弱い。他の要因も影響している可能性がある。	弱い負の相関がある （$-0.8 < r \leqq -0.6$）
⑤ 	Xが増加するとYは減少する。	負の相関がある （$-1.0 \leqq r \leqq -0.8$）

8

| 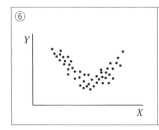 | 直線ではない関係がある。2次関数や層別を考える必要がある。 | Y＝ax²＋bx＋cのような2次関数的な関係性の可能性がある。もしくは、層別することで二つのグループに分けられる可能性がある（次項参照）。 |

（2）散布図を見るときの注意事項

散布図を見る際には特に以下の3点に注意が必要です。

①外れ値（異常点）がないか
②層別は可能か
③偽相関はないか

それぞれかんたんに説明します。

■①外れ値（異常点）がないか

散布図を見るときは、点の集団から離れた「外れ値（異常点）」に注意が必要です。外れ値が存在すると、相関係数rの値は0に近づくため、判断を誤る可能性があります。もし、外れ値がみられる場合は、まずデータの素性を確認し、その原因が明確で、再発防止策が取れる場合には、外れ値を取り除き特性間の関係性を判断します。再発防止策が取れない場合は、ばらつきの一つと考え、その点も含めて判断を行う必要があります。

▼図8.24　外れ値を含む散布図の例

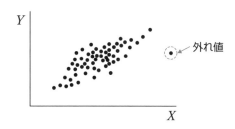

■②層別は可能か

一見すると相関がない散布図でも、層別すると相関関係が見える場合があります。たとえば、表8.13における③の散布図は図8.25に示すようにA、Bに層

別することで、それぞれ弱い負の相関がありそうです。また、同表⑥の散布図のように2次関数的な関係性に見える散布図も、図8.25のように層別することで直線関係にある二つのグループに分けられる場合があります。

　いずれの場合も、大切なのはデータを取得する際に「層別に使える情報を併せて採る」ということです。層別は問題解決への糸口になります。

▼**図8.25　散布図における層別の例**

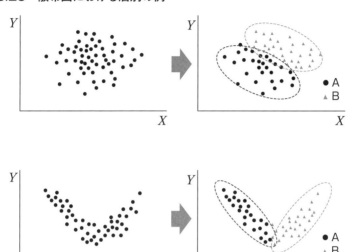

■③偽相関はないか

　「偽相関」とは、「技術的には何の因果もない二つの特性が、散布図にすると相関があるようにみえる状態」のことです。取り上げた二つの特性に対し「共に関係する要因」が存在すると、このような現象が現れます。たとえば、「50m走のタイム」と「年収」のデータを散布図にすると「正の相関」があるように見えます。もちろん「ゆっくり走れば年収が上がる」ということはありません。これは「年齢」という共通要因が間に入った「偽相関」です（一般的に年齢が上がれば50m走のタイムは増える。また、年齢が上がれば年収も増える）。

　偽相関によって判断を誤らないために、散布図で相関関係が確認された場合も「技術的にみて因果関係が存在するか？」という視点で再確認することが重要といえます。

8-11　相関分析と相関係数

散布図には色々なパターンがあるんだね。点の散らばり方で判断すると人によって解釈がばらつきそうだなぁ。
だから相関の強さを示す尺度の「相関係数 r」が必要ってこと？

うん、その通り。相関係数を求めると「相関の強さ」を数値で示すことができるんだ。特性間の関係性を見るときは、散布図の様子と、相関係数の両方で判断することが大切だよ。

（1）相関係数とは

「相関係数」とは、「特性や要因間における相関の強さを表す統計量（尺度）」です。相関係数を求めて、特性や要因の関連性の強さを解析することを「相関分析」と呼びます。相関係数は－1から＋1までの値をとり、－1に近づくほど強い負の相関、＋1に近づくほど強い正の相関があります。また相関係数は単位を持たない無次元量であることに注意が必要です。

前項でも述べたように、相関係数は「外れ値の影響を受けやすい」ため、相関係数の値だけでなく、散布図の様子と併せて二特性間の関係を判断する必要があります。

（2）相関係数の計算方法

対となった変数 x と変数 y に関する n 組のデータがあるときに、相関係数 r は以下の定義式で求めることができます。

相関係数の定義式　$r = \dfrac{S_{xy}}{\sqrt{S_{xx}S_{yy}}}$

ここで、S_{xx} は x の偏差平方和、S_{yy} は y の偏差平方和、S_{xy} は x と y の偏差積和と呼び、それぞれ次の式で計算されます。
また x_i, y_i は n 組のデータにおける i 番目のデータを、$\bar{x}$ と $\bar{y}$ は各変数の平均値を

表します。Σは「総和」を表す演算子で、$i=1$番目から$i=n$番目までのデータをすべて足し合わせるという意味です。

$$S_{xx} = \sum_{i=1}^{n}(x_i - \bar{x})^2 = \sum_{i=1}^{n} x_i^2 - \frac{\left(\sum_{i=1}^{n} x_i\right)^2}{n}$$

$$S_{yy} = \sum_{i=1}^{n}(y_i - \bar{y})^2 = \sum_{i=1}^{n} y_i^2 - \frac{\left(\sum_{i=1}^{n} y_i\right)^2}{n}$$

$$S_{xy} = \sum_{i=1}^{n}(x_i - \bar{x})(y_i - \bar{y})$$

$$= \sum_{i=1}^{n} x_i y_i - \frac{\left(\sum_{i=1}^{n} x_i\right)\left(\sum_{i=1}^{n} y_i\right)}{n}$$

以下に具体的なデータによる計算例を示しますので、定義式と計算例を見比べながら理解をしてみてください。

▼表8.14　相関係数の計算用データ例

No.	x_i	y_i	x_i^2	y_i^2	$x_i y_i$
1	9.0	74.0	81.0	5476.0	666.00
2	6.0	48.0	36.0	2304.0	288.00
3	4.0	36.0	16.0	1296.0	144.00
4	3.0	15.0	9.0	225.0	45.00
5	5.0	37.0	25.0	1369.0	185.00
6	7.0	52.0	49.0	2704.0	364.00
合計	34.0	262.0	216.0	13374.0	1692.00

▼図8.26　計算用データの散布図

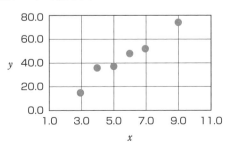

$$S_{xx} = \sum_{i=1}^{n}(x_i - \bar{x})^2 = \sum_{i=1}^{n}x_i^2 - \frac{\left(\sum_{i=1}^{n}x_i\right)^2}{n}$$

$$= 216 - (34)^2/6 = 23.33$$

$$S_{yy} = \sum_{i=1}^{n}(y_i - \bar{y})^2 = \sum_{i=1}^{n}y_i^2 - \frac{\left(\sum_{i=1}^{n}y_i\right)^2}{n}$$

$$= 13374 - (262)^2/6 = 1933.33$$

$$S_{xy} = \sum_{i=1}^{n}(x_i - \bar{x})(y_i - \bar{y})$$

$$= \sum_{i=1}^{n}x_iy_i - \frac{\left(\sum_{i=1}^{n}x_i\right)\left(\sum_{i=1}^{n}y_i\right)}{n}$$

$$= 1692 - (34 \times 262)/6 = 207.33$$

相関係数　$r = \dfrac{S_{xy}}{\sqrt{S_{xx}S_{yy}}}$

$$= \frac{207.33}{\sqrt{(23.33)\times(1933.33)}} = 0.976$$

以上の計算から相関係数 $r = 0.976$ と「正の相関」があることがわかります。これは散布図から見ても妥当な結果です。

なお相関係数の2乗の値は「寄与率」と呼ばれ、「y の変動のうち、x の変動で説明される割合」を示します。例題のデータでは $r^2 = (0.976)^2 = 0.953$ なので「y の変動のうち、95%が x の変動で説明できる」ということです。

8-12　管理図

相関係数の計算式を理解するのは大変だったけど、ようやく最後のQC七つ道具「管理図」にたどり着いたね。
「管理図」って名前から、いかにも「品質管理の道具」って感じだなぁ。

管理図は特に生産現場で品質を維持・管理するために不可欠な道具だよ。そしてQC検定3級でも頻出する手法だけど、過去のデータでは割と得点率の低い分野なんだ。

得点率が低いってことは苦手な人が多い、つまり難しい手法ってこと？？

確かに管理図は種類も多くて、計算問題もあるから苦手意識をもたれやすいね。
でも出題傾向としては「$\bar{X}-R$管理図」、「管理限界線の計算」、「管理図の見方」にかたよっているから、ポイントをおさえることが大切だよ。
まず初めに管理図とよく間違えられる「工程能力図」というグラフについて説明するね。

（1）工程能力図とは

　「工程能力図」とは、「縦軸に品質特性、横軸に時間をとり、データを製造順（時間順）に打点したグラフ」です。品質特性に規格値が定められている場合は、工程能力図に規格線を記入することで、特性値の時系列変化と規格値の関係を把握することができます。また、特性が規格値を超えることを未然防止するために、規格線とは別で調整限界線を定める場合もあります。調整限界線とは、「この限界線を超えたら工程調整のアクションを取る」と決めた線のことです。

▼図8.27　工程能力図の例

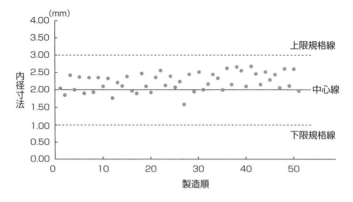

（2）管理図と工程能力図の違い

　工程能力図は特性値の時系列的な変化を順番にプロットするという、非常にシンプルで分かりやすい道具です。

　しかし、工程能力図はあくまでも「結果系の管理」の道具であるため、不適合品が発生する前に異常を検知する力が弱いという弱点があります。

　一方、QC七つ道具である「管理図」は、主に基本統計量と統計的に算出した管理限界線を用いて「工程が統計的管理状態にあるか」を確認する道具であり、工程の異常を検出する力が優れています。この点については、後ほど詳しく説明します。

▼図8.28　工程能力図と管理図の違い

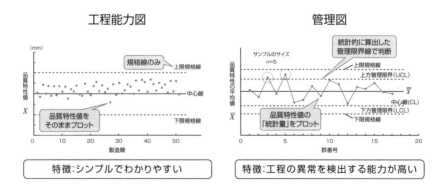

(3) 工程能力図の見方・使い方

　工程能力図はただ作るだけではなく、その様子から「工程の状態」を判断できることが大切です。工程能力図の点の動き方について以下三つの視点で確認することで、おおよその工程能力を把握することができます。

①規格外の点がないか。
②規格中心からのズレやばらつきの程度はどれくらいか。
③点に周期性や上昇・下降などのクセや傾向はみられないか。

　例として、工程の状態別に六つの工程能力図を表8.15に示します。

▼表8.15　工程能力図と工程の状態

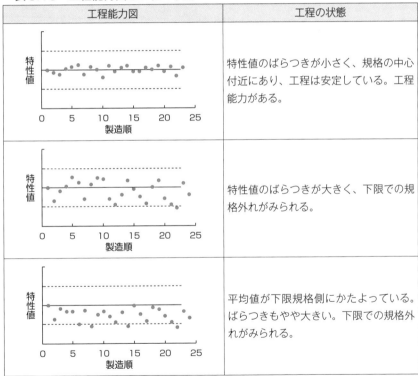

工程能力図	工程の状態
	特性値のばらつきが小さく、規格の中心付近にあり、工程は安定している。工程能力がある。
	特性値のばらつきが大きく、下限での規格外れがみられる。
	平均値が下限規格側にかたよっている。ばらつきもやや大きい。下限での規格外れがみられる。

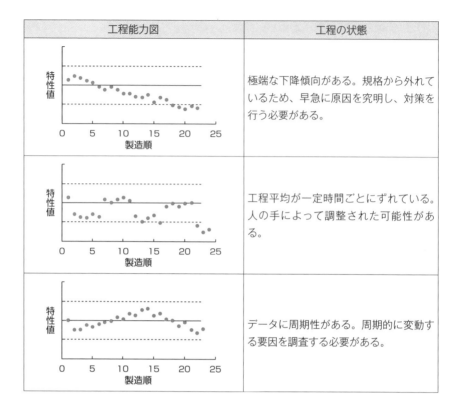

工程能力図	工程の状態
	極端な下降傾向がある。規格から外れているため、早急に原因を究明し、対策を行う必要がある。
	工程平均が一定時間ごとにずれている。人の手によって調整された可能性がある。
	データに周期性がある。周期的に変動する要因を調査する必要がある。

8-13　管理図の考え方、使い方

工程能力図でも品質を管理できそうだけどなぁ。
やっぱり管理図も覚えないとだめなの？

工程能力図はあくまでも特性値と規格線の関係だから、「気づいたときには規格を超えていた」ってことになるんだ。
たとえば、健康診断を定期的に受診するのは「病気になる前にその兆候をつかんで予防するため」だよね？
「管理図」も同じで、不適合品を未然防止するための道具なんだよ。

管理図は健康診断と同じ役割なんだね。
確かに製造現場では不適合品が流出してしまった
ら取り返しがつかないから「兆候をつかんで未然防
止」って考え方は大切かもしれないなぁ。
なら詳しく教えてくれる？

（1）管理図とは

　「管理図」とは、「安定状態と考えられる程度のばらつきの範囲を示した管理限
界線のある折れ線グラフ」です。管理図は規則的な間隔で工程からサンプリング
されたデータ（特性値）から作成されます。

　管理図には色々な種類がありますが、QC検定では「工程が統計的管理状態に
あるかどうかを評価するための管理図」である「シューハート管理図」という種類
が出題されます。シューハート管理図は別名、「3シグマ法管理図」とも呼ばれ、
その名前は「特性値の中心線から上下に標準偏差 σ（シグマ）の3倍の幅をとっ
て管理限界線を定めること」に由来します。このように定められた管理限界線で
は、約99.7%の打点が管理限界線の内側に入ることが統計的に知られています。

8

▼図8.29　シューハート管理図の例

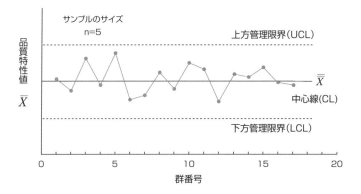

(2) 管理図に使われる用語

シューハート管理図で使用される用語を次の表に示します。

▼表8.16　管理図で使用される用語

用語	説明
中心線 (CL：Central Line)	$\bar{\bar{X}}$、$\bar{R}$、$\bar{p}$ など平均値を示す線。実線で表す。
管理限界線	安定な状態と考えられる程度のばらつきの範囲を示した線。 中心線の上側を上方管理限界 (UCL：Upper Control Limit)、下側を下方管理限界 (LCL：Lower Control Limit) と呼び、破線または一点鎖線で表す。 破線は解析段階の管理図、一点鎖線は管理段階の管理図で使われる。
管理線	中心線、上方管理限界線、下方管理限界線の総称。
群	規則的な間隔（時間ごと・ロットごとなど）でサンプリングされたデータのかたまり。それぞれの群は同じ大きさで、同じ測定単位、同じ製品・サービスで構成される。
サンプルサイズ n	一つの群の大きさ。群を構成しているサンプルの数のこと。

(3) 統計的管理状態（工程が安定している状態）

　シューハート管理図は、「工程が統計的管理状態にあるか」を評価するための管理図です。ここで統計的管理状態（工程が安定している状態）とは、「異常原因（突き止められる原因、見逃せない原因）が取り除かれ、偶然原因（不可避原因、突き止められない原因）のみによって品質特性にばらつきが生じている状態」のことです。物理的に品質特性のばらつきを完全になくすことはできません。ですから、工程では影響の大きい異常原因を取り除き、影響の小さい偶然要因はそのままで生産を行います。偶然原因の中に異常原因が混ざっていないかを検出する道具が管理図ともいえます。

8-14 管理図の種類

管理図の中でも「シューハート管理図」っていうのを覚えればいいんだね？ 一つだけならなんとかなりそうだ。

あきら君、ごめん。
実はシューハート管理図の中にも色々な種類があって…
QC検定3級の中で登場する可能性があるのは8種類かな。

えぇ！？ 8種類もあるの？
もう無理！ そんなに覚えられないんですけど！
なにか良い方法はないの？？

8種類のうち「管理限界値の計算」や「管理図の見方」が出題されるのは主に「$\bar{X}-R$管理図」についてなんだ。
他の管理図は使用する統計量や特徴を覚えておけば対応できるよ。まずは全体像を説明するね。

8

（1）管理図の種類

　管理図はまず、使用する統計量が計量値（重さ、長さなど）なら「計量値管理図」、計数値（個数、不適合品率など）なら「計数値管理図」の大きく二つに区分されます。さらに使用する統計量で細かく分けると、全部で8種類となります。表8.17はそれを整理したものです。

▼表8.17　管理図の種類

データの性質		管理図の名称	サンプル数 n（目安）	使用する統計量など
計量値	重量、寸法など連続的に変化するデータ。正規分布であることが前提※。	$\overline{X}-R$管理図	一定（2～10）	平均値（$\overline{X}$）と範囲（R）の管理図。工程に関する情報が最も多く得られる管理図。
		$\overline{X}-s$管理図	一定（11以上）	平均値（$\overline{X}$）と標準偏差（s）の管理図。
		メディアン管理図	一定（2～10）	メディアン（Me）と範囲（R）の管理図。
		$X-Rm$管理図	一定（1）	個々の測定値（X）と移動範囲（Rm）の管理図。移動範囲（Rm）とは、隣り合った測定値の差の絶対値のこと。
計数値	1，2，3…と数えられるデータ。不適合品率・不適合品数は二項分布、不適合数はポアソン分布が前提※。	p管理図	一定でない	不適合品率（p）の管理図。
		np管理図	一定	不適合品数（np）の管理図。np＝サンプル数（n）×不適合品率（p）。
		c管理図	一定	不適合数（c）の管理図。
		u管理図	一定でない	単位あたりの不適合数（u）の管理図。

※正規分布、二項分布、そしてポワソン分布については第10章で解説。

（2）$\overline{X}-R$管理図、$\overline{X}-s$管理図

　管理する品質特性が計量値（重量、寸法など連続的に変化するデータ）の場合に使用する管理図です。使用する際は「データの分布が正規分布であること」を前提とします。工程における平均値（$\overline{X}$）の変化を見るための「$\overline{X}$管理図」と、群内のばらつき（範囲、標準偏差）の変化を見る「R管理図」もしくは「s管理図」を併用します。

　データを取得する際は、管理したい間隔（たとえば、1日ごと）を群として、群から一定のサンプル数（n）を抜き取ります。目安として抜き取れるサンプル数（n）が2～10個なら$\overline{X}-R$管理図、11個以上なら$\overline{X}-s$管理図を使用します。$\overline{X}-R$管理図と$\overline{X}-s$管理図は工程に関する情報が最も多く得られる管理図なので、

工程管理を行う際はこれらの使用を検討しましょう。

▼図8.30　$\overline{X}-R$管理図の例

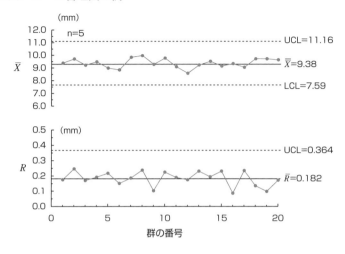

(3) メディアン管理図

　管理すべき品質特性が計量値の場合に使用できる、$\overline{X}-R$管理図の平均値($\overline{X}$)の代わりにメディアン(Me)を使用した管理図です。工程における中央値(Me)の変化を見るための「メディアン管理図」と、群内のばらつき(範囲R)の変化を見る「R管理図」を併用します。メディアンを使用することで「平均値$\overline{X}$を計算する手間が不要」、「群における外れ値の影響を低減できる」というメリットがあります。特に一つ目のメリットを活かすためにもサンプル数(n)は「奇数」であることが望ましいといえます。なぜなら計算量を減らすことは製造現場での管理図運用の負担を減らすことにつながるからです。

(4) $X-Rm$管理図

　管理すべき品質特性が計量値の場合に使用できる、個々の測定値(X)と移動範囲(Rm)の管理図です。一つの群から1個の測定値しか得られない場合や、合理的な群を選択することが不可能な場合、群の内部が均一で複数の測定値を集める意味がない場合に用いられます。

　群を設定しないため、個々の測定値をそのまま打点した「X管理図」と、連続する隣り合った測定値の差の絶対値である移動範囲(Rm)を打点した「Rm管理

図」を併用して管理を行います。

(5) p 管理図

不適合品率 (p) で工程を管理する場合に用いられる管理図です。不適合品率 (p) はサンプル数 (n) 中に何個の不適合品があったかを示す割合のこと。不適合品率 (p) は計数値であり、正規分布ではなく二項分布（詳細は第10章）に従うことが前提となっています。群によってサンプルの大きさが一定でなくても良いため、日によって生産量がばらつく工程などを管理する際に用いられます。

(6) np 管理図

不適合品数 (np) で工程を管理する場合に用いられる管理図です。不適合品数 (np) は「サンプル数 (n) ×不適合品率 (p)」という計算式で算出されます。不適合品数 (np) も不適合品率 (p) と同様に計数値であり、二項分布に従うことが前提となります。

一方で p 管理図とは異なり、np 管理図におけるサンプルの大きさは一定であることが合理的とされています。np 管理図を用いる具体的なケースとしては、たとえば、自動検査装置により時間ごとに一定数を検査する工程を管理する場合などに用いられます。

(7) c 管理図

c 管理図は不適合数 (c) を用いて工程を管理する場合に用いる管理図です。不適合数 (c) とは、1製品に複数個発生するキズや欠点数のこと。たとえば製品のキズの数、電子基板のはんだ不適合箇所数、鋳造品のブローホール数などです。

不適合数 (c) は計数値であり、データ分布は正規分布ではなくポアソン分布（詳細は第10章）に従うことが前提となります。また c 管理図はサンプル数が一定の場合に用いられます。

(8) u 管理図

u 管理図は不適合の数を用いて工程を管理する場合のうち、サンプル数が一定でない場合に用いる管理図です。たとえば、時間あたりの生産数にばらつきがあり、決まった数のサンプル数が集められない場合に、1時間あたりの不適合数 (u) の変化を管理します。

8-15 $\bar{X}-R$管理図の作成手順

管理図の種類が多すぎてパニックなんですけど…
とりあえず表8.17で各管理図の特徴を覚えることに
するよ。

うん。まずは各管理図がどんな統計量を使っていて、
どんな条件で使われるかを覚えることが大切だね。
その中でもよく出題されるのは「$\bar{X}-R$管理図」だから、
これから作成手順について詳しく説明するね。
特に「管理限界線（UCL、LCL）の計算方法」は頻出問
題だよ。

計算問題は苦手なんだけどなぁ。
まぁ、よく出題されるなら頑張って覚えるよ（笑）。
解説よろしくです。

8

（1）管理図による管理を始めるまでの流れ

　管理図による工程管理は、思いついたその日から始められるものではありません。管理図を運用するためには工程が安定状態にあることの確認が必要です。また管理限界線を引くためには、ある程度のデータを収集し、解析を行う必要があります。この工程解析の段階で作成する管理図を「解析用管理図」と呼びます。また、管理限界線が定まり、工程を管理して望ましい水準を維持するために作成される管理図を「管理用管理図」と呼びます。製品規格の設定から管理用管理図の運用を始めるまでの大まかな流れは、表8.18のようになります。

▼表8.18　管理図による工程管理までの流れ

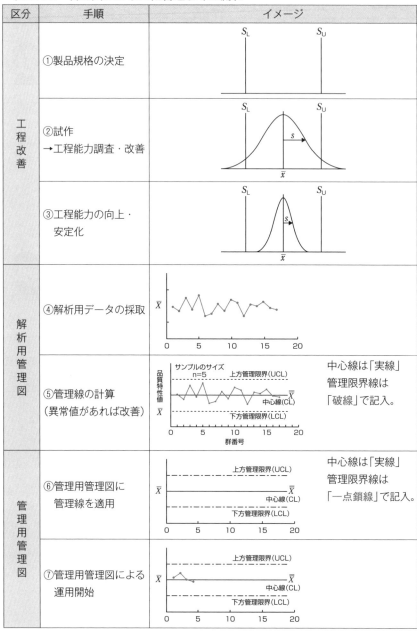

区分	手順	イメージ	
工程改善	①製品規格の決定		
	②試作 →工程能力調査・改善		
	③工程能力の向上・安定化		
解析用管理図	④解析用データの採取		
	⑤管理線の計算 （異常値があれば改善）		中心線は「実線」 管理限界線は「破線」で記入。
管理用管理図	⑥管理用管理図に管理線を適用		中心線は「実線」 管理限界線は「一点鎖線」で記入。
	⑦管理用管理図による運用開始		

(2)$\bar{X}-R$管理図の作成手順

　計量値データの代表的な管理図である$\bar{X}-R$管理図の作成手順を説明します。ここで説明するのは表8.18における「④解析用データの採取」～「⑤管理線の計算」までの「解析用管理図」を作成する手順です。

手順1：連続した20～25群のデータを集める。

手順2：群ごとに平均値$\bar{X}$を計算する。

手順3：群ごとに範囲Rを計算する。

手順4：群ごとの平均値$\bar{X}$の平均値$\bar{\bar{X}}$を計算する。

手順5：群ごとの範囲Rの平均値$\bar{R}$を計算する。

手順6：管理線を計算する。

手順7：管理図に管理線を記入する。

手順8：群ごとの平均値$\bar{X}$と範囲Rを打点する。

手順9：その他の必要事項を記入する。

　具体的な演習用データを用いて、各手順における計算方法と注意事項をかんたんに説明します。

■**手順1：連続した20～25群のデータを集める。**

①ヒストグラム等を用いて工程が安定状態にあると確認できた時点からデータの収集を始める。

②工程の変動を見るためには長期間に渡って無作為にデータを取得する必要がある。たとえば、1日を群として、20～25群は連続してデータを取得する。またサンプルを抜き取る際は1日の生産品からランダムに抜き取る。

③サンプルサイズ（群の大きさ）nは2～10とする。一般的には4または5とすることが多い。

④データを取得する際は、製造ロット、作業条件、作業者、測定者など層別に役立つ情報も併せて取得しておくことが望ましい。

8

▼表8.19　管理図演習用データ

群番号	測定値（単位：μm）					合計 ΣX	平均値 $\overline{X}$	範囲 R
	X_1	X_2	X_3	X_4	X_5			
1	14	8	12	12	8	54	10.8	6
2	11	10	13	8	10	52	10.4	5
3	11	12	16	14	9	62	12.4	7
4	16	12	17	15	13	73	14.6	5
5	15	12	14	10	7	58	11.6	8
6	13	8	15	15	8	59	11.8	7
7	14	12	13	10	16	65	13.0	6
8	11	10	8	16	10	55	11.0	8
9	14	10	12	9	7	52	10.4	7
10	12	10	12	14	10	58	11.6	4
11	10	12	8	10	12	52	10.4	4
12	10	10	8	8	10	46	9.2	2
13	8	12	10	8	10	48	9.6	4
14	13	8	11	14	12	58	11.6	6
15	7	8	14	13	11	53	10.6	7
16	10	12	6	9	13	50	10.0	7
17	17	13	11	10	14	65	13.0	7
18	10	17	14	14	9	64	12.8	8
19	14	13	15	16	15	73	14.6	3
20	10	15	8	11	8	52	10.4	7
					合計		229.8	118.0
					総平均		11.49	5.90

■手順2：群ごとに平均値$\overline{X}$を計算する。

①群ごとに合計値（ΣX）を計算する。

②群ごとに平均値（$\overline{X}$）を計算する。平均値の桁数は測定値の桁より1桁下まで求めること。

$$\overline{X} = \frac{\Sigma X}{n} = \frac{X_1 + X_2 + \cdots + X_n}{n}$$

演習用データにおける群番号1の平均値$\overline{X}_1$は

$$\overline{X}_1 = \frac{\Sigma X_1}{n} = \frac{14 + 8 + 12 + 12 + 8}{5} = 10.8$$

■手順3：群ごとに範囲Rを計算する。

演習用データにおける群番号1の範囲R_1は

$R_1 = (群番号1の最大値) - (群番号1の最小値)$

　　$= 14 - 8 = 6$

■手順4：群ごとの平均値$\overline{X}$の平均値$\overline{\overline{X}}$を計算する。

①群ごとの平均値（$\overline{X}$）の合計値（$\Sigma\overline{X}$）を計算する。

②合計値（$\Sigma\overline{X}$）を群の数kで割り、平均値（$\overline{\overline{X}}$）を計算する。求める桁数は測定値の2桁下まで求める。この演習用データの場合は

$$\overline{\overline{X}} = \frac{\Sigma\overline{X}}{k} = \frac{\overline{X}_1 + \overline{X}_2 + \cdots + \overline{X}_k}{k}$$

$$\overline{\overline{X}} = \frac{\Sigma\overline{X}}{k} = \frac{10.8 + 10.4 + 12.4 + \cdots + 10.4}{20} = \frac{229.8}{20} = 11.49$$

　　k：群の数

■手順5：群ごとの範囲の平均値$\overline{R}$を計算する。

①群ごとの範囲の合計値（ΣR）を計算する。

合計値（ΣR）を群の数kで割り、平均値（$\overline{R}$）を計算する。求める桁数は測定値の2桁下まで求める。この演習用データの場合は

$$\overline{R} = \frac{\Sigma R}{k} = \frac{R_1 + R_2 + \cdots + R_k}{k}$$

$$\overline{R} = \frac{\Sigma R}{k} = \frac{6 + 5 + 7 + \cdots + 7}{20} = \frac{118.0}{20} = 5.90$$

　　k：群の数

■手順6：管理線を計算する。

① $\overline{X}$管理図の管理線は以下の計算式から求める。なおA_2はサンプルサイズ（群の大きさ）nによって決まる係数で、表8.20の係数表から求める。なおQC検定では問題冊子の巻末に係数表が掲載されるため、係数表を暗記する必要はない。

中心線：$\mathrm{CL} = \overline{\overline{X}}$

上方管理限界：$\mathrm{UCL} = \overline{\overline{X}} + A_2\overline{R}$

下方管理限界：$\mathrm{LCL} = \overline{\overline{X}} - A_2\overline{R}$

▼表8.20　管理図の係数表（JIS Z 9020-2:2016）

群の大きさ n	A_2	D_3	D_4
2	1.880	0.000	3.267
3	1.023	0.000	2.575
4	0.729	0.000	2.282
5	0.577	0.000	2.114
6	0.483	0.000	2.004
7	0.419	0.076	1.924
8	0.373	0.136	1.864
9	0.337	0.184	1.816
10	0.308	0.223	1.777

※ $n=6$以下のD_3は示されない。

管理線の桁数は測定値の2桁下まで求める。

演習用データにおける$\overline{X}$管理図の管理線を計算すると以下のようになる。

　　中心線：$CL = \overline{\overline{X}} = 11.49$

　　上方管理限界：$UCL = \overline{\overline{X}} + A_2\overline{R} = 11.49 + 0.577 \times 5.90 = 14.89$

　　下方管理限界：$LCL = \overline{\overline{X}} - A_2\overline{R} = 11.49 - 0.577 \times 5.90 = 8.09$

② 　R管理図の管理線は以下の計算式から求める。D_3、D_4もサンプルサイズ（群の大きさ）nによって決まる係数で、表8.20の係数表から求める。なおnが6以下の場合はR管理図のLCLは示されないとする（ばらつきが小さい方向は管理する必要がないため）。

　　中心線：$CL = \overline{R}$

　　上方管理限界：$UCL = D_4\overline{R}$

　　下方管理限界：$LCL = D_3\overline{R}$

管理図における管理線の桁数は測定値の2桁下まで求める。

演習用データにおけるR管理図の管理線を計算すると以下のようになる。

　　中心線：$CL = \overline{R} = 5.90$

　　上方管理限界：$UCL = D_4\overline{R} = 2.114 \times 5.90 = 12.47$

　　下方管理限界：$LCL = D_3\overline{R} = 0.000 \times 5.90 = 0.000$（示されない）

■手順7：管理図に管理線を記入する。

中心線CLは実線、UCL、LCLは破線（解析用管理図の場合）で記入する。併せてCL、UCL、LCLの終端には数値を記入する。またサンプルサイズ（群の大きさ）

n も管理図内に記載する。

■手順8：群ごとの平均値 $\bar{X}$ と範囲 R を打点する。

群ごとの平均値 $\bar{X}$ と範囲 R を打点し、打点した点を線で結ぶ。なお、管理限界線の外に出た点については他の点と区別するために、○で囲むと良い。

■手順9：その他の必要事項を記入する。

目的、製品名、工程名、品質特性名、データの収集期間、製造ロット、作業条件、作業者、測定者など、データの履歴を示す情報を余白に記入する。

以上の手順にて作成した管理図は以下のようになります。

▼図8.31　演習用データから作成した $\bar{X}$–R 管理図の例

解析用管理図		製品名	フィルム
目的	管理状態の把握	データ収集期間	5/9～6/3
特性値	部品厚さ	作成者	本村

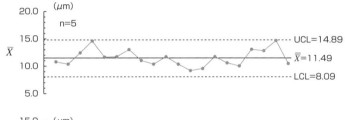

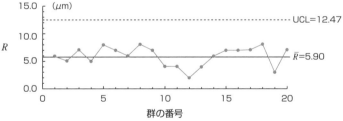

8-16　異常判定のルール

管理限界線の計算には、サンプルサイズ n から決まる係数を「係数表から求めて」使用するんだね。
演習用データで作成した $\bar{X}$ 管理図は、管理限界線をギリギリで超えていないから問題なし、っと。

いやいや、管理限界線を超えていないからって「工程が安定している」とはいえないよ。管理図の点の動きから異常なパターンや傾向を読み取ることが大切なんだ。
ちなみにQC検定3級では「異常判定のルール」に基づいて、管理図の異常を判断する問題が頻出だよ。

え！？　「異常判定のルール」なんてあるの？
ちなみに何個のルールがあるわけ？

JIS Z 9020-2:2016では八つのルール（判定基準）が示されているよ。
管理図の運用時にはそれらのルールから異常の兆候をつかんで、原因をいち早く改善することが重要なんだ。詳しく説明するね。

（1）異常状態の判定ルール

　管理図から異常状態を判定するルールは「JIS Z 9020-2:2016」にウェスタン・エレクトリック社のルールが記載されており、異常判定の基準として参考になります。会社によっては独自ルールを加えて運用しているケースもありますので、管理図の使用を検討する際は品質保証部などに確認するのが良いでしょう。ルールの適用にあたっては、データの分布が「正規分布」であることが前提です。

　異常判定の具体的な方法としては、データの標準偏差 σ をもとに、管理図を領域A、領域B、領域Cの3区間に分け、どの領域にどれくらい点が存在するかで異常を判定します。ここで領域Aは $2\sigma \sim 3\sigma$、領域Bは $1\sigma \sim 2\sigma$、領域Cは $0\sigma \sim 1\sigma$ の領域と定義されます。またルール内で使用される用語として「連」があります。「連」とは、中心線を境として片側に連続して現れた点の並びのことです。

▼図8.32　管理図における異常判定用の領域

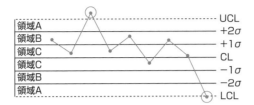

表8.21に管理図における異常判定のルールをまとめます。

▼表8.21　管理図における異常判定のルール

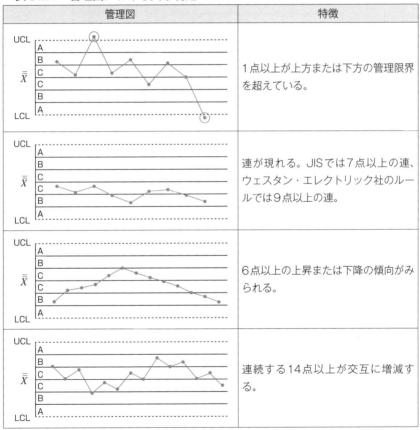

管理図	特徴
	1点以上が上方または下方の管理限界を超えている。
	連が現れる。JISでは7点以上の連、ウェスタン・エレクトリック社のルールでは9点以上の連。
	6点以上の上昇または下降の傾向がみられる。
	連続する14点以上が交互に増減する。

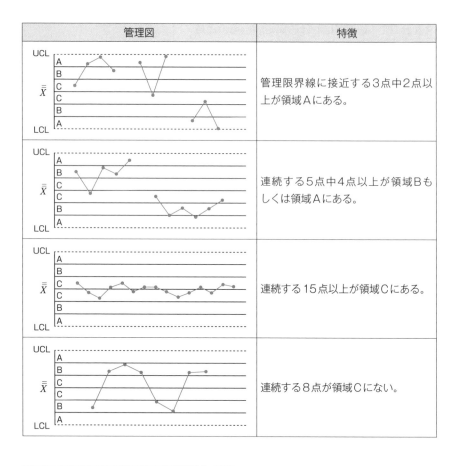

管理図	特徴
	管理限界線に接近する3点中2点以上が領域Aにある。
	連続する5点中4点以上が領域Bもしくは領域Aにある。
	連続する15点以上が領域Cにある。
	連続する8点が領域Cにない。

8-17　np管理図、p管理図

異常判定のルールがあんなに沢山あるなんて驚きだったなぁ。
これで管理図の見方もわかったし、もう覚えることはない？

出題頻度は少ないけど、計数値管理図もQC検定3級の範囲に入っているから少し解説しておくね。

計数値管理図…あのp管理図とかc管理図ってやつか…
出題頻度が低いなら捨てたいところだけど、一応聞いておくよ。

外観検査や官能検査では量的(数値)な特性値が得られず、計量値管理図が使えないこともあるから、覚えておくと役立つかも。
解説するね。

(1)np管理図

　サンプルサイズnが一定で、工程を不適合品数(np)で管理するのがnp管理図です。20〜25群ほどのデータを集めて、各群の不適合品数(np)を調べます。このとき工程の不適合品率(p)から予測して、サンプル内に1〜5個くらいの不適合品数が含まれるようにサンプルサイズnを設定するのが良いとされています。

　np管理図における管理線および工程平均不適合品率(不良率)は、次のような計算式で求めます。

■①中心線(CL)

$$CL = n\bar{p} = \frac{\sum np}{k}$$

　　np：各群の不適合品数

　　$\sum np$：各群の不適合品数の総和

　　k：群の数

　　有効桁数：測定値npより小数点以下1桁まで求める

■②上方管理限界(UCL)と下方管理限界(LCL)

$$UCL = n\bar{p} + 3\sqrt{n\bar{p}(1-\bar{p})}$$
$$LCL = n\bar{p} - 3\sqrt{n\bar{p}(1-\bar{p})}$$

　　有効桁数：測定値npより小数点以下1桁まで求める

■③工程平均不適合品率 (不良率)

$$\bar{p} = \frac{\sum np}{\sum n} = \frac{\sum np}{kn} = \frac{総不適合個数}{総検査個数}$$

$\sum n$：検査個数の総和

(2) p 管理図

　サンプルサイズ n が一定でなくてもよく、工程を不適合品率 (p) で管理する場合に用いるのが p 管理図です。作成方法は np 管理図とほぼ同等ですが、管理限界の計算式が異なることに加えて、サンプルの大きさが異なる場合は、サンプルサイズ n によって管理限界の幅が変わることに注意が必要です。

　p 管理図におけるおよび不適合品率（不良率）および管理線は、次のような計算式で求めます。

■①群ごとの不適合品率 (不良率) p

$$p = \frac{np}{n} = \frac{不適合品数}{検査個数}$$

np：サンプル中の不適合品数

n：1群のサンプルの大きさ

■②中心線 (CL)

$$CL = \bar{p} = \frac{\sum np}{\sum n} = \frac{総不適合個数}{総検査個数}$$

$$(\bar{p} \neq \frac{\bar{p}_1 + \bar{p}_2 + \cdots + \bar{p}_k}{k})$$

$\sum np$：不適合品数の総和

$\sum n$：検査個数の総和

有効桁数：有効数字2桁まで求める

■③上方管理限界 (UCL) と下方管理限界 (LCL)

$$UCL = \bar{p} + 3\sqrt{\frac{\bar{p}(1-\bar{p})}{n}}$$

$$LCL = \bar{p} - 3\sqrt{\frac{\bar{p}(1-\bar{p})}{n}}$$

有効桁数：不適合品率 p より1桁下まで求める

参考文献：JIS Z 9020-2:2016（https://kikakurui.com/z9/Z9020-2-2016-01.html）

第8章　演習問題

問題1

　ある製造工程における不適合品の発生状況を把握するために、(1)〜(6)のようなことを行いたい。各項目に対して、最も適切なQC七つ道具を選択肢からひとつ選び、その記号を回答せよ。ただし、各選択肢を複数回用いることはない。

(1) 製品の品質特性に関するデータの分布形状、規格値との関係、不適合品の発生状況を視覚的に把握したい。
(2) どの不適合項目が多く発生しているのか、またどの不適合項目から優先的に対策をするべきかを明らかにしたい。
(3) 品質特性のデータを収集し、どの不適合項目がどれくらい発生しているかを記録したい。
(4) その工程が、統計的管理状態にあるかどうかを日々、確認したい。
(5) 主たる不適合項目の要因を深堀りし、原因と結果の関係を整理したい。
(6) 製品の品質特性と製造条件の対のデータから、それらの関係性を可視化したい。

【選択肢】
ア. レーダーチャート　　イ. パレート図　　　　ウ. 特性要因図
エ. チェックシート　　　オ. 層別　　　　　　　カ. ヒストグラム
キ. 散布図　　　　　　　ク. 管理図　　　　　　ケ. 親和図
コ. アローダイアグラム

【解答欄】

(1)	(2)	(3)	(4)	(5)	(6)

問題2

① 次の文章において、 ☐ 内に入る最も適切な記号を、選択肢からひとつ選べ。ただし、各選択肢を複数回用いることはない。

ヒストグラムは重さや長さなど計量値のデータにおいて、縦軸にデータの出現数（度数）、横軸にデータの特性値をとった棒グラフ（柱状図）である。その棒（柱）の山の形から、データの ☐(1)☐ を視覚的に確認できる。また、山の左端から右端までの広がり幅から ☐(2)☐ 度合いを確認できる。

② 次の図において、各 ☐ 部の名称にあてはまる最も適切な記号を選べ。ただし、各選択肢を複数回用いることはない。

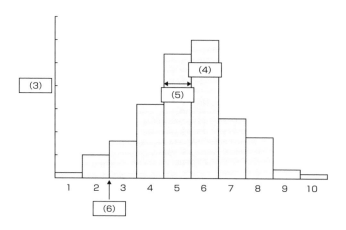

【選択肢】
ア．最大値　　　イ．最小値　　　ウ．区間の幅　　　エ．度数
オ．平均値　　　カ．ばらつき　　キ．区間（級、クラス）　ク．区間の中心値
ケ．特性値　　　コ．分布　　　　サ．区間の境界値

【解答欄】

(1)	(2)	(3)	(4)	(5)	(6)

（解答・解説はp.226を参照）

問題3

　次の①〜④に当てはまる「分布の状態」と、その「対応策」として最も適切なものを選択肢から選べ。

①規格幅に対するばらつきは小さいが、分布の中心が規格の中心からずれている。分布の状態→ (1) 、対応策→ (2)

②分布の中心は規格のほぼ真ん中に位置し、不適合品は発生していないが、規格幅に対してばらつきがやや大きい。分布の状態→ (3) 、対応策→ (4)

③製品を規格内へ収めるために、不適合品を除去したあとのデータ分布である。分布の状態→ (5) 、対応策→ (6)

④分布の中心はほぼ規格の真ん中に位置しているが、ばらつきが大きすぎるために不適合品が発生している。分布の状態→ (7) 、対応策→ (8)

【選択肢】

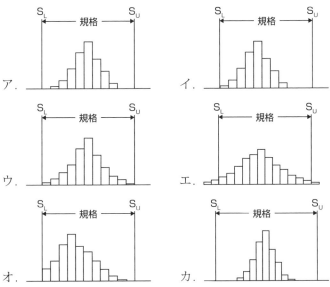

キ. 不適合品は発生していないので対策の必要はない。

ク. 平均値が規格の中心に来るように改善する。

ケ. ばらつきを改善する。

（選択肢は次ページにもあります）

コ. 全数検査を行い不適合品の流出を防止した上で、早急にばらつきを改善する。

サ. ばらつきを小さくして、分布と規格の中心を合わせる。

解答欄

(1)	(2)	(3)	(4)	(5)	(6)	(7)	(8)

（解答・解説はp.226を参照）

問題4

　次の文章において、☐☐☐内に入る最も適切な記号を、選択肢からひとつ選べ。ただし、各選択肢を複数回用いることはない。

①工程能力指数とは、「工程が ☐(1)☐ 状態にあるときに、どの程度のばらつきで品質を実現できるかの能力を示す指標」である。ばらつきが小さい方が工程能力指数は ☐(2)☐ 数値となり、「精度が高い」ことを示す。

②ある生産ラインにおいて、製品寸法の不適合品が発生していると連絡があり、調査を行った。製品寸法の規格値は15.0±1.0mm である。調査の結果、平均は15.33mm 標準偏差が0.26mmであった。このときの工程能力指数C_pは ☐(3)☐ 、C_{pk}は ☐(4)☐ である。

【選択肢】

ア. 1.28	イ. 1.39	ウ. 1.08	エ. 0.79	オ. 0.86
カ. 0.61	キ. 大きな	ク. 小さな	ケ. 一定の	コ. 異常
サ. 安定	キ. 検査			

解答欄

(1)	(2)	(3)	(4)

（解答・解説はp.227を参照）

問題5

$\bar{X} - R$管理図に関する次の文章において、□内に入る最も適切な記号を、選択肢からひとつ選べ。ただし、各選択肢を複数回用いることはない。

ある製品の品質特性を管理するために、ロットごとに五つのサンプルを採取して、その寸法値Xを測定し、解析用管理図を作成することにした。得られたデータと集計結果を表8.5.1に示す。

表8.5.1 測定データとその集計結果

群番号	測定値(単位：μm)					計	平均	範囲R
	X_1	X_2	X_3	X_4	X_5			
1	5	6	8	10	6	35	7.0	5
2	9	8	12	6	6	41	8.2	6
3	10	6	13	13	12	54	10.8	7
4	13	6	5	11	6	41	8.2	8
5	9	10	10	12	12	53	10.6	3
6	10	10	7	6	11	44	8.8	5
7	10	9	5	12	11	47	9.4	7
8	13	5	9	5	8	40	8.0	8
9	12	7	12	12	7	50	10.0	5
10	5	12	12	13	10	52	10.4	8
11	8	11	9	6	6	40	8.0	5
12	9	13	12	9	8	51	10.2	5
13	9	6	12	5	8	40	8.0	7
14	13	7	5	7	9	41	8.2	8
15	13	12	13	8	7	53	10.6	6
16	8	8	7	6	7	36	7.2	2
17	5	9	6	5	8	33	6.6	4
18	10	9	13	6	8	46	9.2	7
19	6	8	6	5	6	31	6.2	3
20	6	7	9	7	10	39	7.8	4
					合計		173.4	113.0
					平均		8.67	5.65

8

　表8.5.1のデータを用いて中心線と管理限界線を計算し、管理図を作成すると図8.5.1が得られた。なお、管理限界線の計算には、表8.20（p.212）の値を用いた。

図8.5.1

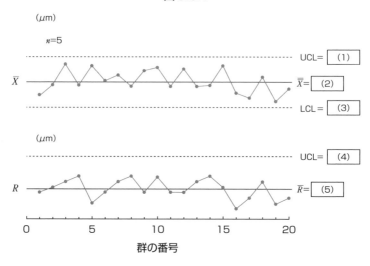

【選択肢】

ア. 5.41	イ. 5.23	ウ. 11.94	エ. 11.28	オ. 10.35
カ. 11.93	キ. 9.43	ク. 8.89	ケ. 5.65	コ. 3.83
サ. 12.31	シ. 8.67			

解答欄

(1)	(2)	(3)	(4)	(5)

（解答・解説はp.228を参照）

解答・解説

問題1

解答

(1)	(2)	(3)	(4)	(5)	(6)
カ	イ	エ	ク	ウ	キ

解説

(1) データの分布形状、規格値との関係、不適合品の発生状況を視覚的に把握するのに適したQC七つ道具は「(1)カ：ヒストグラム」です。ヒストグラムの分布型を確認することで、工程の安定状態が確認でき、改善に向けた層別の必要性や、異常値の有無などを知ることができます。

(2) どの不適合項目が多くて、どの不適合項目から優先的に対策をするべきかを明らかにしたいという目的に適したQC七つ道具は「(2)イ：パレート図」です。「優先的に」という単語から「重点指向」にて改善をする際に役立つパレート図を連想できることがポイントとなります。

(3) 品質特性のデータを収集し、どの不適合項目がどれくらい発生しているかを記録したいという目的に適したQC七つ道具は「(3)エ：チェックシート」です。「データを収集する」、「記録したい」といったキーワードがでたら、データや情報をできるだけかんたんに集める道具であるチェックシートをイメージできるようにしましょう。

(4) その工程が、統計的管理状態にあるかどうかを日々、確認したいという目的に適したQC七つ道具は「(4)ク：管理図」です。統計的管理状態とは、「異常原因（突き止められる原因、見逃せない原因）が取り除かれ、偶然原因（不可避原因、突き止められない原因）のみによって品質特性にばらつきが生じている状態」つまり「工程が安定している状態」のことです。管理図は管理限界線の引かれたグラフに、データから計算された統計量をプロットすることで、工程の状態を調べます。

(5) 主たる不適合項目の要因を深堀りし、原因と結果の関係を整理したいという目的に適したQC七つ道具は「(5)ウ：特性要因図」です。特性要因図は「魚の骨図」とも呼ばれ、不具合事象の要因を系統的に層別することで、結果（特

性）と原因（要因）の関係を整理し、真因を特定する際に役立ちます。

(6) 製品の品質特性と製造条件の対のデータから、それらの関係性を視覚化したいという目的に適したQC七つ道具は「(6)キ：散布図」です。「対のデータ」と「関係性」というキーワードから、二つのデータの関係性を調べるための道具である散布図を選択しましょう。

問題2

解答

(1)	(2)	(3)	(4)	(5)	(6)
コ	カ	エ	キ	ウ	サ

解説

① ヒストグラムの使用目的に関する問題。ヒストグラムの棒（柱）の山の形から、データの(1)コ：分布を、また、山の左端から右端までの広がり幅から(2)カ：ばらつき度合いを確認できます。データを収集したら平均や標準偏差などの統計量を計算するだけではなく、ヒストグラムを作成して、その分布形状を確認しましょう。

② ヒストグラムにおける各部の名称に関する問題。縦軸は(3)エ：度数、棒（柱）は(4)キ：区間（級、クラス）、その幅は(5)ウ：区間の幅、その境目は(6)サ：区間の境界値が正解です。

問題3

解答

(1)	(2)	(3)	(4)	(5)	(6)	(7)	(8)
イ	ク	ウ	ケ	オ	サ	エ	コ

解説

① 規格幅に対するばらつきは小さく、分布の中心が規格の中心とずれている分布状態は(1)イです。この場合、ばらつきを改善する必要はなく、分布の中心

を規格の中心と揃えれば良いので、適切な対応策は「(2)ク：平均値が規格の中心に来るように改善する」となります。

②分布の中心は規格のほぼ真ん中に位置し、不適合品は発生していないが、規格幅に対してばらつきがやや大きい分布は(3)ウです。ばらつきを小さくして規格幅に対して余裕をもたせる必要があるので、適切な対応策は「(4)ケ：ばらつきを改善する」となります。

③製品を規格内に収めるために、不適合品を除去したあとのデータ分布は(5)オで、下限規格のところで分布が不自然に途切れているのが特徴です。規格幅に対するばらつきが大きく、分布の中心も規格の中心とずれているので、適切な対策は「(6)サ：ばらつきを小さくして、分布と規格の中心を合わせる」となります。

④分布の中心はほぼ規格の真ん中に位置しているが、ばらつきが大きすぎるために不適合品が発生している分布は(7)エです。データが規格からはみ出ているので不適合品が発生しています。適切な対策としては、まず不適合品の流出を防止することが最優先になるので、「(8)コ：全数検査を行い不適合品の流出を防止した上で、早急にばらつきを改善する」となります。

8

問題4

解答

(1)	(2)	(3)	(4)
サ	キ	ア	オ

解説

①工程能力指数の定義に関する問題。工程能力指数とは、「工程が(1)サ：安定状態にあるときに、どの程度のばらつきで品質を実現できるかの能力を示す指標」です。ばらつきが小さい方が工程能力指数は(2)キ：大きな数値となり、「精度が高い」ことを示します。

②工程能力指数の計算方法に関する問題。製品規格は15.0±1.0mmなので「両側規格」です。C_p、C_{pk}それぞれの計算式に当てはめると

$$C_p = \frac{S_U - S_L}{6s} = \frac{16.0 - 14.0}{6 \times 0.26} = 1.28$$

演習問題

$$C_{pk} = \frac{S_U - \bar{x}}{3s} = \frac{16.0 - 15.33}{3 \times 0.26} = 0.86$$

よって、C_pは(3)ア：1.28、C_{pk}は(4)オ：0.86となります。

問題5

解答

(1)	(2)	(3)	(4)	(5)
カ	シ	ア	ウ	ケ

解説

$\bar{X}$管理図における各線の計算式は、以下のようになります。

中心線：$\mathrm{CL} = \bar{\bar{X}} = 8.67$

上方管理限界：$\mathrm{UCL} = \bar{\bar{X}} + A_2\bar{R} = 8.67 + 0.577 \times 5.65 = 11.93$

下方管理限界：$\mathrm{LCL} = \bar{\bar{X}} - A_2\bar{R} = 8.67 - 0.577 \times 5.65 = 5.41$

したがって、正解はUCL(1)カ：11.93、$\bar{\bar{X}}$(2)シ：8.67、LCL(3)ア：5.41です。

同様にR管理図における各線の計算式は以下のようになります。

中心線：$\mathrm{CL} = \bar{R} = 5.65$

上方管理限界：$\mathrm{UCL} = D_4\bar{R} = 2.114 \times 5.65 = 11.94$

下方管理限界：$\mathrm{LCL} = D_3\bar{R} = 0.000 \times 5.65 = 0.000$（示されない）

したがって、正解はUCL(4)ウ：11.94、$\bar{R}$(5)ケ：5.65です。

管理限界線の計算は、よく出題されるので計算できるようにしておきましょう。

第9章

新QC七つ道具で言語データ
を整理しよう！

重要度 ★★

9-1　新QC七つ道具とは

第8章では「QC七つ道具」を使って数値データを解析する方法を学んだね。この第9章では主に言語データを整理する手法で構成された「新QC七つ道具」について説明するよ。

「新」QC七つ道具って、また7個も手法を覚えるの！？
そもそも言語データって品質管理に役立つものなの？

言語データは品質管理に役立つというより、問題解決やアイデアを創出するのに役立つことが多いよ。
たとえば、製品に対する顧客の意見（使いやすい、デザインが良いなど）や、製造現場における問題の要因（作業性が悪い、手順が守られていないなど）みたいに、言葉で表現されるデータは数多くあるんだ。

へー、そうなんだ。
それで「新QC七つ道具」もQC検定3級ではよく出題される分野なの？

「新QC七つ道具」は「QC七つ道具」に比べると出題頻度は少ないね。だから優先するべきは第8章の「QC七つ道具」だよ。
ただ、「新QC七つ道具」も一定数は出題されるし、各手法の特徴や用途など概略を覚えれば解ける問題も多いから、まずは全体像を説明するね。

　「新QC七つ道具」とは、「主に言語データを図形化・視覚化して整理するための七つの手法」です。特に数値データが取りにくい場面において、言葉で表現さ

れるデータを整理することで問題解決やアイデア創出に役立ちます。

　また、問題解決においては、取り扱うデータの種類（数値または言語）を把握し、QC七つ道具と新QC七つ道具の特徴を理解して、それぞれを使い分けたり、組み合わせたりして活用することが望ましいとされています。

　表9.1は新QC七つ道具に含まれる手法とその特徴をまとめたものです。各手法の詳細は後ほど解説します。

▼表9.1　新QC七つ道具

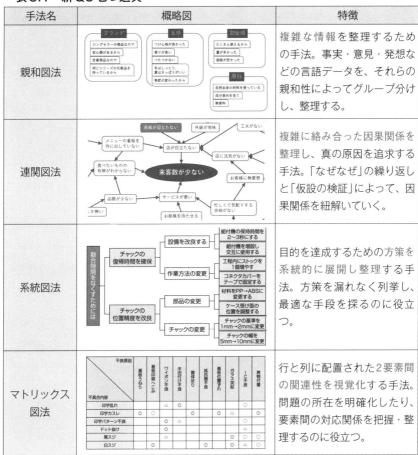

手法名	概略図	特徴
親和図法		複雑な情報を整理するための手法。事実・意見・発想などの言語データを、それらの親和性によってグループ分けし、整理する。
連関図法		複雑に絡み合った因果関係を整理し、真の原因を追求する手法。「なぜなぜ」の繰り返しと「仮説の検証」によって、因果関係を紐解いていく。
系統図法		目的を達成するための方策を系統的に展開し整理する手法。方策を漏れなく列挙し、最適な手段を探るのに役立つ。
マトリックス図法		行と列に配置された2要素間の関連性を視覚化する手法。問題の所在を明確化したり、要素間の対応関係を把握・整理するのに役立つ。

9

マトリックス・データ解析法	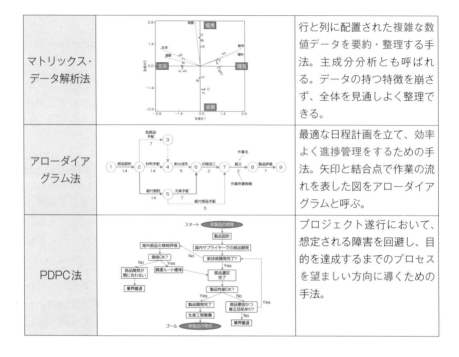	行と列に配置された複雑な数値データを要約・整理する手法。主成分分析とも呼ばれる。データの持つ特徴を崩さず、全体を見通しよく整理できる。
アローダイアグラム法		最適な日程計画を立て、効率よく進捗管理をするための手法。矢印と結合点で作業の流れを表した図をアローダイアグラムと呼ぶ。
PDPC法		プロジェクト遂行において、想定される障害を回避し、目的を達成するまでのプロセスを望ましい方向に導くための手法。

9-2　親和図法

初めは「親和図法」について説明するよ。親和図法は言語データの親和性によってグループ分けすることで情報を整理する手法なんだ。

そもそも「親和性」って何なの？
情報を整理することがそんなに役立つのかなぁ。

「親和性」っていうのは一般的に「物事を組み合わせたときの、相性のよさ。」という意味なんだ。言語データは「情報が複雑で扱いにくい」という特徴があるから、親和図によって情報を整理することで問題解決に活用しやすくなるんだよ。

　「親和図法」とは、「言語データを相互の親和性によって図形化・視覚化して整理する方法」です。問題解決においては、混沌としている事象を整理し、問題を明確にする段階で用いると有効とされています。

　具体的には、未来・将来の問題、未知・未経験の問題など、漠然としている問題について、事実、推定、予測、発想、意見などを言語データで集め、それらの親和性によって統合（グループ分け）した図をつくります。そこから「何が問題なのか」、「どのような特徴があるのか」を明らかにしていく手法です。

　親和図法における「親和性」とは、単純に言葉が同じというわけではなく、「意味が似ている（類似性）」、「イメージが近い（親近性）」、「共通点がある（共通性）」などを考慮した「言葉どうしにおける相性の良さ」のことです。

　親和図法の一般的な実施手順は、以下のようになります。

■**手順1：データを整理する目的を明確にする。**

■**手順2：目的に合った言語データを集める。**

■**手順3：各言語データをその内容や意味を変えずに簡潔な文章（表現）にする。**

■**手順4：簡潔化した文章をカード（付箋など）に記載する。**

■**手順5：親和性を考慮してカードを複数のグループに分ける。**

■**手順6：グループ分けしたカード群を線で囲む。**

■**手順7：グループごとにその特徴を表すグループ名を付ける。**

▼**図9.1　親和図の例（目的：ある化粧品における購入理由の整理）**

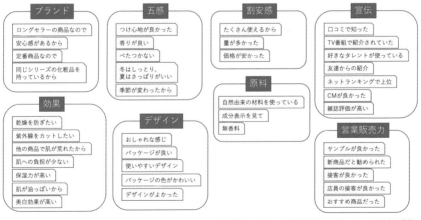

使用ソフト：JUSE-StatWorks/v5体験版

9-3　連関図法

次は「連関図法」について説明するよ。連関図法は複雑に絡み合った結果と原因の関係を整理し、真の原因を追求する手法なんだ。

確か結果と原因の関係を整理する手法には、QC七つ道具の「特性要因図（魚の骨）」があったよね？
連関図法は何が違うの？

特性要因図は「要因の洗い出しから真因をつかもう」というアプローチなのに対して、連関図法は「問題の発生するメカニズムや因果関係を論理的に紐解いて真因を追求しよう」というアプローチなんだ。

　「連関図法」とは、「結果と原因が複雑に絡まり合っている問題について、その因果関係を矢線でつなぎ、論理的に整理する方法」です。このとき図形化されたものを「連関図」と呼びます。

　連関図では問題となっている事象（問題点）を中央に配置し、その原因（一次要因）を矢線でつなぎ、さらにその原因（二次要因）を矢線でつなぐ…というように「なぜなぜ分析」を繰り返します。これにより因果関係のつながりを図形化することで、真の原因（真因）や重要な原因を整理することができます。

　特性要因図と同様に、連関図を使用する際に重要なポイントは、「真因と考えられる要因に対して、本当に真因かどうかを検証すること」です。連関図で特定した結果と要因の関係はあくまでも仮説にすぎません。たとえば、要因の水準（レベル）を動かして、本当に結果が変化するかを調べるなど、「仮説の検証」が非常に重要となります。

　連関図法の一般的な実施手順と注意点は、次のようになります。

　実施する際は、一人で行うのではなく、関係者全員で集まりブレインストーミングを実施することで、要因の抜け漏れが減り、真因にたどり着きやすくなります。

■**手順1：問題となっている事象（問題点）を明確にする。**

■**手順2：考えられる一次要因（原因）をカードなどに記入する。**

- 問題点に対し「なぜ」を考える。
- 原理原則やメカニズムで論理的に考える。
- 他責にしては有効な対策がうてないため自責で考える。
- 内容は簡潔に記載する。
- 一つのカードに複数の意味を持たせない。

■**手順3：一次要因のカードを問題点の周辺に配置する。**

■**手順4：一次要因に対し「なぜ」を考えて二次要因をカードに記入する。**

■**手順5：二次要因のカードを一次要因の周りに配置する。**

■**手順6：「なぜなぜ」を繰り返し、三次、四次と要因を深堀りしてカードを配置する。**

■**手順7：全体を眺めて一次、二次、三次…と要因を順番に矢線で結ぶ。**

- 「なぜ」の逆方向には「だから」で読み返すことができる。
- 他グループのカードにもつながるものは積極的に結ぶ。
- 要因が不足している場合は付け足す。

■**手順8：真の要因（真因）を絞り込む。**

- 原因が具体的になっているもの。
- 矢線の出入りが多いもの。
- 本当に真因かどうかを検証すること。

9

▼図9.2　連関図法の例
　　　　（目的：ある飲食店における来客数が少ないことへの要因解析）

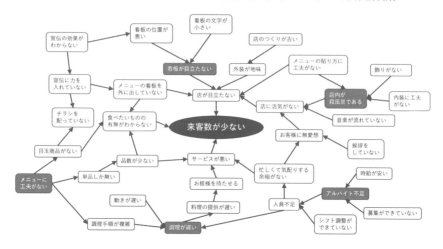

9-4　系統図法

次は「系統図法」について説明するね。系統図法は目的を達成するための方策を系統的に展開し整理する手法なんだ。方策を漏れなく列挙して、最適な手段を探るのに役立つよ。

連関図法の次は系統図法かぁ。なんか似たような名前で混乱しそうだよ。
系統図法と連関図法は何が違うの？

連関図法は「問題の真因を追求する」ための手法で、系統図法は「真因に対して最適策を追求する」ための手法なんだ。
だから問題解決型QCストーリーでは、連関図法を「要因解析」、系統図法を「対策立案」のステップで使うことが多いよ。

　「系統図法」とは、「目的を達成するために必要な手段・方策を系統的かつ多段階的に展開していく手法」です。このとき図形化されたものを「系統図」と呼びます。

　系統図では目的を左端に配置し、そこから右側に向かって一次方策、二次方策…と段階的に展開します。右側に段が深くなるほど、方策はより具体的に記載します。

▼**図9.3　系統図の構成**

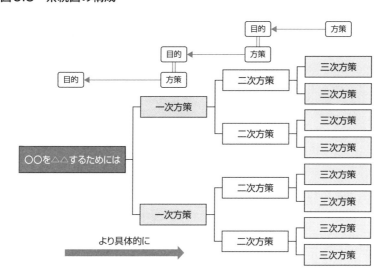

　系統図法を用いるメリットは、主に以下の三つです。

> 1. 方策を系統的に展開することで抜け漏れが少なくなる。
> 2. 思いつきの対策ではなく、論理的に有効な方策を選択できる。
> 3. 図形化することでメンバーの意思統一がはかりやすい。

　実業務における問題解決では、系統図法で列挙した方策から最適策を選ぶ方法として、マトリックス図法（9-5節）との併用が効果的です。具体的には各方策を、効果、コスト（必要な費用）、実現性、期間、他工程への影響度　などで評価し、優先順位を決めた上で実行する方策を決めます。

▼図9.4　系統図法の例（目的：ある設備における不適合品対策の決定）

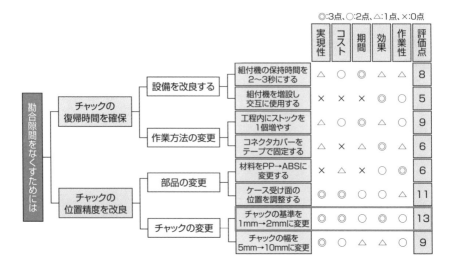

9-5　マトリックス図法

次は「マトリックス図法」について説明するね。マトリックス図法は行と列に配置された2要素間の関連性を整理する手法なんだ。問題の所在を明確にしたり、要素間の対応関係を把握・整理するのに役立つよ。

昔、「マトリックス」って映画があったよね。QCと何か関係あるの？

うーん…たぶん関係ないね（笑）。
マトリックスは英語で「行列」って意味で、マトリックス図は行と列に配置された対になる2要素間の関係を表す図なんだ。

　「マトリックス図法」とは、「行と列に配置した2要素間の関連性を整理する手法」です。このとき図形化されたものを「マトリックス図」と呼びます。

　マトリックス図を用いる目的は、多元的思考により全体を見渡すことで「問題の所在を探索」したり、「問題解決への着眼点を得る」ことです。

　マトリックス図の作成方法としては、まず関連性を整理したい2要素を行と列に配置した表を作成します。次に各要素の項目が交差するマスに「項目間の関係の強さ」を◎、○、△などで記入します。最後に全体を眺めて、目的に対する考察を行います。

　以下に、具体的なマトリックス図法の活用場面を三つ紹介します。

1. 系統図法と組み合わせて、問題解決のための方策とその評価項目との関係を整理し、方策に優先順位を付ける（図9.4参照）。
2. 不具合内容と不良原因の対応関係を整理することで、効果的に問題解決を図る（図9.5参照）。
3. 新製品開発において、顧客の要求品質と品質特性の対応関係を把握・整理するために品質表を作成する（図9.6参照）。

▼図9.5　マトリックス図の例①（感熱印刷ヘッドの不具合内容と不良原因）

不良原因＼不具合内容	基板うねり	基板印刷へこみ	ワイボン不良	半田付け不良	筐体反り	抵抗値不良	基板位置ずれ	ガラス突起	IC不良	異物付着
印字乱れ			△	◎					○	
印字カスレ	◎	○			◎		◎	△		◎
印字パターン不良			◎	△					○	
ドット抜け			◎						△	
黒スジ			△					◎	○	○
白スジ		◎				◎		◎	△	○

9

▼図9.6　マトリックス図の例②
　　　（ウィンドウワイパーにおける要求品質と品質特性）

品質特性 ＼ 要求品質			除去機能												
			雨滴を除去できる								霜を除去できる				
1次	2次	3次	除去時間が短い	除去面積が広い	細かい雨滴を除去できる	大粒の雨滴を除去できる	除去後のくもりが少ない	水あか残りが少ない	静かに除去できる	均一に除去できる	除去時間が短い	除去面積が広い	ワイパーが歪まない	均一に除去できる	静かに除去できる
性能	雨滴除去性能	視界80%以上		○	○	○	○	○		○					
		除去時間3秒以内	○												
		ノイズ50db以下							○						
		水分残り量8.0g以下			○	○	○	○							
		除去ムラなきこと					△	○		○					
	霜除去性能	視界80%以上										○		○	
		除去時間3秒以内									○				
		ノイズ50db以下											△		
		ワイパー曲がり1.0mm以下											○		
		除去ムラなきこと										○		○	

9-6　マトリックス・データ解析法

次は「マトリックス・データ解析法」について説明するね。マトリックス・データ解析法は行列に配置された複雑な数値データを要約・整理する手法なんだ。新QC七つ道具の中で唯一、数値データを扱う手法だよ。

マトリックス図法の次はマトリックス・データ解析法か…
また名前が似ているから混乱しそうだけど、こちらは数値データを解析する手法なんだね。
そもそも複雑な数値データを要約・整理するってどういうこと？　どんなときに役に立つの？

たとえば、多数の尺度（特性）でデータを収集したけど、傾向がつかめない、とか、細かすぎて説明ができない場合だよ。
データの持つ特徴（情報）をなるべく崩さずに要約・整理することで、理解を深めたり、問題解決の糸口を見付けるのに役立つんだ。詳しく説明するね。

「マトリックス・データ解析法」とは、「行列に配置された複雑な数値データを統計解析することで、要約・整理する手法」です。

マトリックス・データ解析法における統計解析には、一般的に多変量解析法の一つである主成分分析が使われます。主成分分析は多数の尺度（特性）を持つデータに対し、その特徴（情報）をなるべく崩さずに要約できるため、全体を見通しよく整理する際に役立ちます。

たとえば、ある中学校におけるクラス全員の国語、英語、社会、数学、理科の点数という5項目（5軸）の情報があるとします（表9.2）。これをマトリックス・データ解析法により分析すると、「文理系」と「優劣度」という2項目（2軸）の情報（主成分）に要約・整理し、各生徒がどの位置に分布しているかを知ることができます（図9.7）。

▼表9.2　マトリックス・データ解析法のサンプルデータ

生徒名	国語	英語	社会	数学	理科	生徒名	国語	英語	社会	数学	理科
A	74	67	72	69	74	K	58	81	70	91	76
B	84	86	83	84	84	L	73	66	70	68	73
C	56	75	75	89	84	M	67	75	75	69	67
D	74	68	69	67	74	N	75	80	91	62	56
E	77	79	92	62	58	O	85	87	84	83	85
F	57	82	69	87	81	P	55	84	67	94	84
G	56	76	68	90	79	Q	64	76	67	89	83
H	83	76	86	61	63	R	81	84	93	59	62
I	76	83	91	59	63	S	81	84	81	83	81
J	81	79	86	56	55	T	68	76	70	70	68

▼図9.7　マトリックス・データ解析法の例

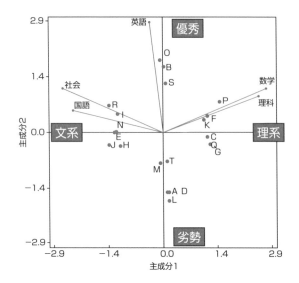

このようにマトリックス・データ解析法は、かんたんにグラフにできないような複雑な情報を整理する際に役立つ方法です。たとえば以下のような場面でも活用できます。

1. 市場調査データを要約して、顧客評価や重視する項目などをまとめる。
2. 競合製品の情報を要約して、自社と他社のポジショニングを把握する。
3. 人事評価データを要約して、各社員や部門ごとの比較評価を行う。

なお、QC検定3級においては、マトリックス・データ解析法の計算方法は出題されないため、ここでは説明を省きます。実際に実務にて活用される場合は、別途、多変量解析法の書籍などを参考にしてください。

9-7　アローダイアグラム法

次は「アローダイアグラム法」について説明するね。アローダイアグラム法は最適な日程計画を立て、効率よく進捗管理をするための手法なんだ。

日程管理の手法にはQC七つ道具のグラフに「ガントチャート」があったと思うけど、何が違うの？

「ガントチャート」は作成された日程計画に対し、その進捗の度合いをわかりやすく可視化することに注目した手法だよ。
それに対して「アローダイアグラム法」は、「最適な日程計画の検討」に注目した手法で、特に計画を立てる段階において有効な手法といえるね。

　「アローダイアグラム法」とは、「プロジェクトを達成するために必要な作業の順序関係を矢線と結合点で表し、最適な日程計画を立てたり、効率よく進捗を管理する手法」です。このとき図形化されたものは「アローダイアグラム」や「ネットワーク図」「矢線図」と呼ばれます。

　アローダイアグラムに用いられる基本的な図示記号と用語は、以下の通りです。

▼図9.8　アローダイアグラムで用いられる記号と用語

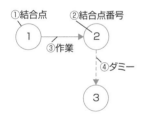

No.	名称	説明
①	結合点	作業と作業の区切りで、作業の終了時点および次の開始時点を表わす。
②	結合点番号	作業の順序を表わす。
③	作業	時間を要する要素作業を表わす。
④	ダミー	所要時間なしで、単に作業の順序関係を表わす。

　アローダイアグラムを作成することで、作業の実施順序や所要期間（工数）が明確化され、納期短縮の検討や、並行作業の可否など、最適な日程計画を検討する際に役立ちます。

　図9.9にある製品における試作評価のアローダイアグラムを示します。

▼図9.9 アローダイアグラム法の例

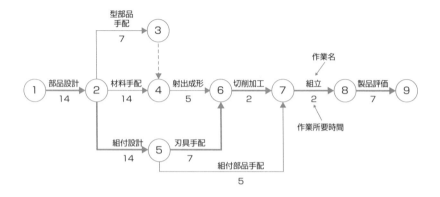

9-8 PDPC法

 最後は「PDPC法」について説明するね。PDPC法は
プロジェクト遂行において、想定される障害を回避
し、目的を達成するまでのプロセスを望ましい方向に
導くための手法なんだ。

プロセスって「一連の工程や過程」って意味だよね？
最適な日程計画を立てる「アローダイアグラム法」と
似てる気がするけど、何が違うの？

 「アローダイアグラム法」は、実施事項と工数が明確
で、実行すればほぼ確実に完了できる作業の組み合
わせについて、最適な計画を立てるために使用され
るよ。
一方で「PDPC法」は、事態の進展とともにさまざま
な結果が想定される工程の組み合わせについて、結
果に応じた進め方を事前に決めておくために使用さ
れるんだ。

「PDPC法」とは、「プロジェクト達成に必要な工程と、各工程の結果に応じた進め方を決めておくことで、想定される障害を回避し、プロセスを望ましい方向に導くための手法」です。PDPCとは、Process Decision Program Chart（過程決定計画）の頭文字をとったもので、問題解決や意思決定の手法として開発されました。

PDPC法は新製品開発や、既存製品・サービスのレベルアップ、製造工程における不具合対策など、目的達成のための実行計画が当初の予定通りに進むとは限らないプロジェクトの計画・実行段階で役立ちます。このようなプロジェクトでは、新しい事実の発見や事態の進展に応じ、新たな阻害要因を打破していく必要があるため、PDPCの図形は随時書き換えながら運用していくことが重要です。

PDPC法を活用するメリットは、主に以下の五つです。

---

1. 問題の所在、最重要事項の確認ができる。
2. 経験を活かして先を読み、障害に対して先手を打つことができる。
3. 図形化することで目的を達成するためのプロセスを関係者全員が共有できる。
4. 関係者の意見・知識を集約して、プロセスを検討できる。
5. 過程の結果に応じて、柔軟に計画を変更できる。

以下は新製品開発におけるPDPC法の例です。

▼図9.10　PDPC法の例

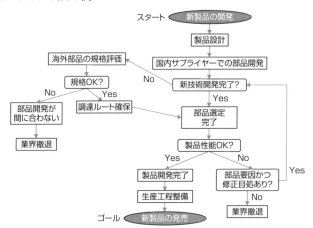

第9章　演習問題

問題1

　新QC七つ道具の手法名、用途および説明文について、□□□内に入る最も適切な記号を、選択肢からひとつ選べ。ただし、各選択肢を複数回用いることはない。

①手法名： (1)
　　用途： (2)
　　説明文：最適な日程計画を立て、効率よく進捗管理をするための手法。矢印と結合点で作業の流れを表した図を使用する。

②手法名： (3)
　　用途： (4)
　　説明文：結果と原因が複雑に絡まり合っている問題について、その因果関係を矢線でつなぎ、論理的に整理する方法。因果関係のつながりを図形化することで、真の原因(真因)や重要な原因を整理できる。

③手法名： (5)
　　用途： (6)
　　説明文：行と列に配置した2要素間の関連性を整理する手法。多元的思考により全体を見渡すことで、問題の所在を探索し、問題解決への着眼点を得る。

④手法名： (7)
　　用途： (8)
　　説明文：プロジェクト達成に必要な工程と、各工程の結果に応じた進め方を決めておくことで、想定される障害を回避し、プロセスを望ましい方向に導くための手法。

【選択肢】
ア. PDPC法
イ. アローダイアグラム法

ウ. マトリックス・データ解析法

エ. マトリックス図法

オ. 系統図法

カ. 連関図法

キ. 親和図法

ク. 多くの数値データを見通しよく整理する。

ケ. 複雑な日程管理データを整理する。

コ. 工程内不良に関する複雑に絡み合った因果関係を整理する。

サ. イベント開催における障害を回避し、計画的に完了させる。

シ. 売上向上に向けた対策案を系統的に整理する。

ス. 製造工程と不良要因の対応関係を整理する。

セ. 従業員からの意見を整理する。

解答欄

(1)	(2)	(3)	(4)	(5)	(6)	(7)	(8)

9

演習問題

解答・解説

問題1

解答

(1)	(2)	(3)	(4)	(5)	(6)	(7)	(8)
イ	ケ	カ	コ	エ	ス	ア	サ

解説

①最適な日程計画を立て、効率よく進捗管理をするという目的に合った新QC七つ道具は「(1)イ：アローダイアグラム法」です。矢印と結合点で作業の流れを表した図をアローダイアグラムと呼びます。日程管理に役立つ手法なので、最も適した用途は「(2)ケ：複雑な日程管理データを整理する」が正解です。

②結果と原因が複雑に絡まり合っている問題について、その因果関係を矢線でつなぎ、論理的に整理する新QC七つ道具は「(3)カ：連関図法」です。真の原因(真因)や重要な原因を整理する際に役立つので、最も適した用途は「(4)コ：工程内不良に関する複雑に絡み合った因果関係を整理する」が正解です。

③行と列に配置した2要素間の関連性を整理する新QC七つ道具は「(5)エ：マトリックス図法」です。2要素間の関連性を整理し、問題の所在を探索する際に役立つので、最も適した用途は「(6)ス：製造工程と不良要因の対応関係を整理する」が正解です。

④プロジェクト達成に必要な工程と、各工程の結果に応じた進め方を決めておくことで、想定される障害を回避し、プロセスを望ましい方向に導くための新QC七つ道具は「(7)ア：PDPC法」です。プロジェクトを確実に完了させたいときに役立つので、最も適した用途は「(8)サ：イベント開催における障害を回避し、計画的に完了させる」が正解です。

第10章

統計的方法の基礎を学ぼう！

重要度 ★

10-1　正規分布

この第10章では「データに基づいた適切な判断」を
するために必要な「統計的方法の基礎」について説明
するよ。この第10章が最終章だから最後まで頑張ろ
う。

ようやくゴールが近づいてきたんだね、長かった…
でも「統計的方法」ってどういうこと？

「統計的方法」っていうのは「母集団から抽出したサン
プルからデータを取得して、その統計量から母集団
の姿を推測し、物事を判断する一連の方法」のことな
んだ。
その根底にあるのは「データのばらつきは一定のルー
ル（分布）に従っている」ということだよ。

ばらつきって無秩序で、どうしようもないイメージ
だったけど、ルールってことは、規則性があるってこ
と？
確かに何事も規則性が分かれば、コントロールしや
すくなるね。バッティングセンターの機械も、その配
球の規則性が分かれば打ちやすいよ。

そうそう、だから品質管理でも「ばらつきのルールを
把握すること」がとても大切なんだ。
「どれくらいの値がどれくらいの確率ででてくるか」
というルール（分布）のことを「確率分布」っていうよ。
まずは最も代表的な確率分布である「正規分布」につ
いて説明するね。

(1) 正規分布とは

「正規分布」は計量値として得られるデータの代表的な確率分布で、「左右対称のベルのような形（釣鐘型）をしている分布」です。

ある連続量の特性値（x）のヒストグラムにおいて、サンプル数nを増やし、区間幅をどんどん細かくしていくと、区間の頂点を結んだ線は曲線になります（図10.1）。この曲線を表す数式を「確率密度関数$f(x)$」と呼び、確率密度関数のある地点（x_1）における高さ$f(x_1)$はその値の「現れやすさ（確率）」を意味しています（図10.2）。

工程が安定状態にあるとき、製品の寸法や強度、質量など連続量の特性値における分布（＝確率密度関数）は、その多くが正規分布とみなすことができます。そのため、正規分布は、実用上、最も重要な確率分布といえます。

▼図10.1　正規分布とは

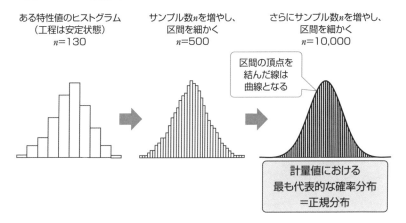

10

(2) 正規分布の特徴

正規分布の主な特徴は、以下の五つです。

1. 左右対称のベルのような形（釣鐘型）をしている。
2. 平均値μと標準偏差σが決まれば、その形が決まる。
3. ある地点（x_1）における高さ$f(x_1)$はその値が現れる**確率**を意味する。
4. 図10.2における斜線部分の合計面積（＝確率）は「1（100％）」となる。
5. 「分散の加法性」がある（10-3節で解説）。

▼図10.2　正規分布の特徴

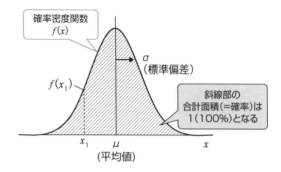

　ここで2番目の特徴「平均値μと標準偏差σが決まれば、その形が決まる。」について着目します。μやσのようにその値を指定すれば、分布が確定するような定数を**母数**と呼びます。ゆえに分布を記号で表現する際には、母数を明確にするために平均値μ、分散σ^2の正規分布を$N(\mu, \sigma^2)$と表記します（NはNormalの頭文字）。

　具体例として、平均値μと分散σ^2が異なる正規分布の記号表記と、その形状を図10.3に示します。

▼図10.3　平均値μと分散σ^2が異なる正規分布

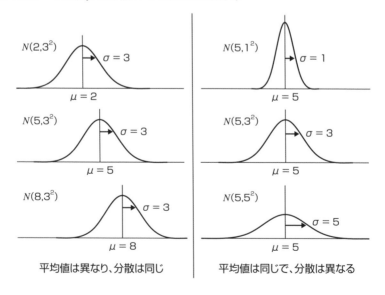

このように、平均値 μ と分散 σ^2 の組み合わせによって、正規分布の形（＝確率密度関数の数式）は無限の組み合わせがあります。

10-2　正規分布表から確率を求める方法

連続量の特性値の多くが正規分布ってこと。
それから正規分布の特徴もなんとなく分かったよ。
でもこれが品質管理で何の役に立つの？

品質管理における具体的な活用方法としては、たとえば「製品における品質特性が規格値から外れる確率（不適合品率）を推定する」という使い方があるよ。

確率か…
正規分布の3番目の特徴に「ある地点 (x_1) における高さ $f(x_1)$ はその値が現れる確率を意味する」ってのがあったけど、そのことかな？

そうそう、前節でも説明した通り、正規分布の曲線は確率密度関数だから、ある地点の高さはその値が現れる確率を示しているんだ。
でも正規分布の数式は複雑で、各地点の高さを数式から計算するのは大変なんだよ。
そんな計算を簡易化するために準備されたのが「正規分布表」なんだ。詳しく説明するね。

10

（1）正規分布表から確率を求める手順

「正規分布表」とは、「標準正規分布において、ある地点 u と、u 値に対する上側確率 P の関係を一覧にした表」のことです。ここで標準正規分布とは、平均値 $\mu=0$、分散 $\sigma^2=1^2$ の正規分布で、記号では $N(0, 1^2)$ と表記されます。

▼図10.4　標準正規分布における位置 u と確率 P

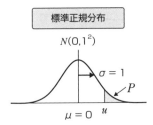

▼図10.5　正規分布表

u から P を求める表

u	0.00	0.01	0.02	0.03	0.04	0.05	0.06	0.07	0.08	0.09
0.0	0.5000	0.4960	0.4920	0.4880	0.4841	0.4801	0.4761	0.4721	0.4681	0.4641
0.1	0.4602	0.4562	0.4522	0.4483	0.4443	0.4404	0.4364	0.4325	0.4286	0.4247
0.2	0.4207	0.4168	0.4129	0.4091	0.4052	0.4013	0.3974	0.3936	0.3897	0.3859
0.3	0.3821	0.3783	0.3745	0.3707	0.3669	0.3632	0.3594	0.3557	0.3520	0.3483
0.4	0.3446	0.3409	0.3372	0.3336	0.3300	0.3264	0.3228	0.3192	0.3156	0.3121
0.5	0.3085	0.3050	0.3015	0.2981	0.2946	0.2912	0.2877	0.2843	0.2810	0.2776
0.6	0.2743	0.2709	0.2676	0.2644	0.2611	0.2579	0.2546	0.2514	0.2483	0.2451
0.7	0.2420	0.2389	0.2358	0.2327	0.2297	0.2266	0.2236	0.2207	0.2177	0.2148
0.8	0.2119	0.2090	0.2061	0.2033	0.2005	0.1977	0.1949	0.1922	0.1894	0.1867
0.9	0.1841	0.1814	0.1788	0.1762	0.1736	0.1711	0.1685	0.1660	0.1635	0.1611
1.0	0.1587	0.1563	0.1539	0.1515	0.1492	0.1469	0.1446	0.1423	0.1401	0.1379
1.1	0.1357	0.1335	0.1314	0.1292	0.1271	0.1251	0.1230	0.1210	0.1190	0.1170
1.2	0.1151	0.1131	0.1112	0.1094	0.1075	0.1057	0.1038	0.1020	0.1003	0.0985
1.3	0.0968	0.0951	0.0934	0.0918	0.0901	0.0885	0.0869	0.0853	0.0838	0.0823
1.4	0.0808	0.0793	0.0778	0.0764	0.0749	0.0735	0.0722	0.0708	0.0694	0.0681
1.5	0.0668	0.0655	0.0643	0.0630	0.0618	0.0606	0.0594	0.0582	0.0571	0.0559
1.6	0.0548	0.0537	0.0526	0.0516	0.0505	0.0495	0.0485	0.0475	0.0465	0.0455
1.7	0.0446	0.0436	0.0427	0.0418	0.0409	0.0401	0.0392	0.0384	0.0375	0.0367
1.8	0.0359	0.0352	0.0344	0.0336	0.0329	0.0322	0.0314	0.0307	0.0301	0.0294
1.9	0.0287	0.0281	0.0274	0.0268	0.0262	0.0256	0.0250	0.0244	0.0239	0.0233
2.0	0.0228	0.0222	0.0217	0.0212	0.0207	0.0202	0.0197	0.0192	0.0188	0.0183
2.1	0.0179	0.0174	0.0170	0.0166	0.0162	0.0158	0.0154	0.0150	0.0146	0.0143
2.2	0.0139	0.0136	0.0132	0.0129	0.0126	0.0122	0.0119	0.0116	0.0113	0.0110
2.3	0.0107	0.0104	0.0102	0.0099	0.0096	0.0094	0.0091	0.0089	0.0087	0.0084
2.4	0.0082	0.0080	0.0078	0.0076	0.0073	0.0071	0.0070	0.0068	0.0066	0.0064
2.5	0.0062	0.0060	0.0059	0.0057	0.0055	0.0054	0.0052	0.0051	0.0049	0.0048
2.6	0.0047	0.0045	0.0044	0.0043	0.0042	0.0040	0.0039	0.0038	0.0037	0.0036
2.7	0.0035	0.0034	0.0033	0.0032	0.0031	0.0030	0.0029	0.0028	0.0027	0.0026
2.8	0.0026	0.0025	0.0024	0.0023	0.0023	0.0022	0.0021	0.0021	0.0020	0.0019
2.9	0.0019	0.0018	0.0018	0.0017	0.0016	0.0016	0.0015	0.0015	0.0014	0.0014
3.0	0.0014	0.0013	0.0013	0.0012	0.0012	0.0011	0.0011	0.0011	0.0010	0.0010

P から u を求める表

P	0.001	0.005	0.01	0.025	0.05	0.1	0.2	0.3	0.4
u	3.090	2.576	2.326	1.960	1.645	1.282	0.842	0.524	0.253

　前節にて、「平均値 μ と分散 σ^2 の組み合わせによって、正規分布の形は無限の組み合わせがある」と説明しました。しかし、どんな正規分布でも、個々の値 x_i から平均値 μ を引き、標準偏差 σ で割るという変換（標準化もしくは規準化という）$u_i = \dfrac{x_i - \mu}{\sigma}$ を行うことで、標準正規分布 $N(0, 1^2)$ に変換できます。

▼**図10.6　標準化**

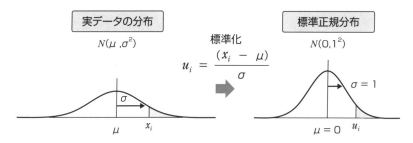

　例題として、正規分布 $N(50, 13^2)$ に従う、ある特性値 x が、規格値 $x_1 = 75$ 以上となる確率 P を、正規分布表を使って求めると以下のようになります。

■**手順１：規格値 $x_1 = 75$ を標準化し、u_1 の値を求める（小数点第二位まで）。**

$$u_1 = \frac{x_1 - \mu}{\sigma} = \frac{75 - 50}{13} = 1.92$$

■**手順２：正規分布表から $u_1 = 1.92$ のときの P の値を読み取る。**

※正規分布表の縦軸は u 値の小数点第一位まで、横軸が小数点第二位の値。

10

▼図10.7　正規分布表の見方

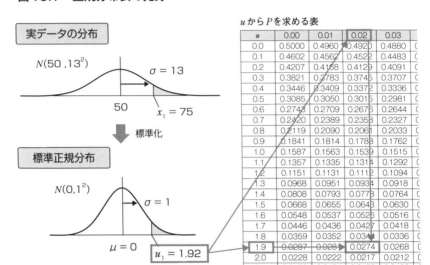

すなわち規格値 $x_1 = 75$ 以上となる確率 P は、$P = 0.0274 \times 100 = 2.74\%$。

■手順3：読み取れる値は $P = 0.0274$

すなわち規格値 $x_1 = 75$ 以上となる確率 P は、$P = 0.0274 \times 100 = 2.74\%$。

（2）正規分布表を用いて種々の確率を求める方法

　正規分布の特徴を理解することで、さまざまな場合の確率を求めることができます。特に前節p.251に記載した正規分布の特徴「1. 左右対称のベルのような形（釣鐘型）をしている。」と「4. 合計確率（＝面積）は1（100%）となる。」が重要です。正規分布表で示されているのは u 値に対する上側確率 P のみですが、これらの特徴を理解していれば、正規分布表を用いて、図10.8に示す、さまざまな場合の確率（斜線部の面積）を求めることができます。

▼図10.8　正規分布の特徴を活かした確率計算方法

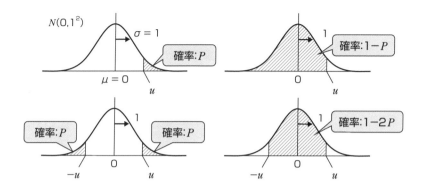

（3）覚えておくべき確率値

　最後に覚えておくべき確率値を紹介します。図10.9における①～③の斜線部はそれぞれ$\mu \pm 1\sigma$、$\mu \pm 2\sigma$、$\mu \pm 3\sigma$の範囲を示しています。このとき特性値xが各範囲に入る確率は①約68.3％、②95.4％、③99.7％となります。これらの値はQC検定3級にてしばしば出題される確率値なので、覚えておくと良いでしょう。

　ちなみに第8章の8-8節で紹介した工程能力指数$C_p = 1.00$という値は、「規格幅＝$\pm 3\sigma$」となる状態であり、そのときの不適合品率は　$1 - 0.9974 = 0.0026$（0.26%）　であると推測できます。

▼図10.9　覚えておくべき確率値

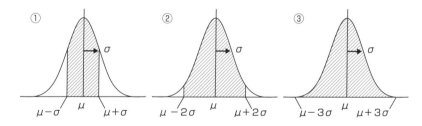

①	$\mu - \sigma \leq x \leq \mu + \sigma$　となる確率は0.6826（約68.3％）
②	$\mu - 2\sigma \leq x \leq \mu + 2\sigma$　となる確率は0.9544（約95.4％）
③	$\mu - 3\sigma \leq x \leq \mu + 3\sigma$　となる確率は0.9974（約99.7％）

10

10-3　分散の加法性

確率の計算方法は理解できたかな？　QC検定本番では電卓も使えるから、もし出題されたら落ち着いて計算してね。
次は正規分布の性質の一つ「分散の加法性」について説明するよ。

「分散の加法性」って言葉から難しそうなんですけど。そもそも「加法性」なんて言葉聞いたことないよ。どんな意味なの？

「加法性」っていうのは「足し合わされる性質」って意味だよ。つまり「分散の加法性」っていうのは、正規分布している二つの変数を足すときも、引くときも「分散は足し合わされる」っていう性質のことなんだ。詳しく説明するね。

（1）分散の加法性とは

正規分布には「互いに独立（相関がない）な二つの変数 x_1, x_2 が正規分布に従っているとき、この二つの変数の和や差も正規分布となる」という性質があります。このとき、その母平均 $E(x_1 \pm x_2)$ と母分散 $V(x_1 \pm x_2)$ は以下の数式で表されます。

$$E(x_1 \pm x_2) = E(x_1) \pm E(x_2)$$
$$V(x_1 \pm x_2) = V(x_1) + V(x_2)$$

ここで注目する点は $x_1 + x_2$ の母分散 (V) も、$x_1 - x_2$ の母分散 (V) も同じ $V(x_1) + V(x_2)$ となることです。この正規分布している二つの変数を足すときも、引くときも「分散は足し合わされる」性質を「分散の加法性」と呼びます。

具体的な例題で解説します。

■**例題1**

　ある部材の長さXにおける平均値と分散を測定した結果、

　　$\mu_X = 25.0$,　$\sigma_X{}^2 = 0.4^2$であり、

もう一方の部材の長さYは$\mu_Y = 15.0$, $\sigma_Y{}^2 = 0.3^2$ であった。

この二つの部材を連結させてできる部品の長さZの平均値と分散を求めよ。

（※X, Yは互いに独立であり、正規分布に従う）

▼**図10.10　分散の加法性1**

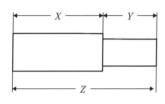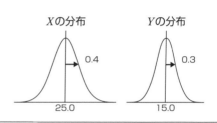

●**解答1**

　　Zの平均値：$\mu_Z = \mu_X + \mu_Y = 25.0 + 15.0 = 40.0$

　　Zの分散　：$\sigma_Z{}^2 = \sigma_X{}^2 + \sigma_Y{}^2 = 0.4^2 + 0.3^2 = 0.5^2$

■**例題2**

　ある部材の長さXにおける平均値と分散を測定した結果、

　　$\mu_X = 25.0$,　$\sigma_X{}^2 = 0.4^2$であった。

この部材を、加工機で長さY（$\mu_Y = 15.0$,　$\sigma_Y{}^2 = 0.3^2$）だけ削り取ったとき、

残りの部分の長さZの平均値と分散を求めよ。

（※X, Yは互いに独立であり、正規分布に従う）

▼**図10.11　分散の加法性2**

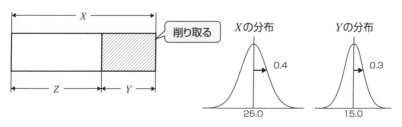

10

●解答2

Zの平均値：$\mu_Z = \mu_X - \mu_Y = 25.0 - 15.0 = 10.0$

Zの分散　：$\sigma_Z^2 = \sigma_X^2 + \sigma_Y^2 = 0.4^2 + 0.3^2 = 0.5^2$

　例題2のように平均値は引き算でも、分散は足し算となるのが「分散の加法性」です。加工後の長さには、元々の部材のばらつきに加えて、加工時のばらつきも加わると考えれば理解しやすいかと思います。

10-4　二項分布

ここまでは最も重要な確率分布である「正規分布」についての話をしてきたけど、ここからはその他の確率分布について説明するよ。
まずは「二項分布」について説明するね。

「二項分布」って確か第8章の「8-14 管理図の種類」で名前が出てきていたような。違うかな？

そうそう。「二項分布」は「不適合品数」や「不適合品率」みたいに1，2，3…と数えられるデータ（計数値）が従う確率分布なんだ。管理図ではp管理図やnp管理図の前提となっている分布だね。

それで「二項分布」はQC検定3級によく出題されるの？

いや「二項分布」と次に説明する「ポアソン分布」は、出題範囲には入っているけど「実際はほとんど出題されない」分野だよ。だから、もし試験本番まで時間がない場合は、前節の「正規分布」を優先してね。

（1）二項分布における確率の計算

　「二項分布」は「不適合品数（不良品数）」や「コイントス」など、扱うデータが一つ二つと数えられる計数値、かつ、1回の試行（抜き取り）につき2通りの結果（良品と不良品、コインの表面と裏面など）が生じる場合の確率分布です。

　二項分布となる具体的な例としては「不適合品を全体のP%の割合（確率）で含む母集団から、n個のサンプルを抜き取った際に、サンプル中に含まれる不適合品数の従う分布」が二項分布となります。このときn個のサンプルに含まれる不適合品がx個となる確率$P(x)$は、以下の式で計算できます。

$$P(x) = \frac{n!}{x!\,(n-x)!}\,P^x(1-P)^{n-x}$$

　ここで$x!$は「xの階乗」と読み、その中身は

$$x! = x \times (x-1) \times (x-2) \times \cdots \times 3 \times 2 \times 1$$

という計算です。

　また0の階乗は1となります（$0! = 1$）。

　それでは以下の例題を使って、二項分布における確率の計算を練習してみたいと思います。

■例題

　不適合品率10%の母集団から10個のサンプルを抜き取ったとき、以下の現象が起きる確率をそれぞれ求めよ。

　①不適合品が1個の確率。

　②不適合品が2個の確率。

　③10個とも良品の確率。

▼図10.12　二項分布における確率計算

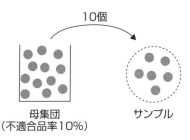

母集団
（不適合品率10%）　　サンプル

●解答①：不適合品が１個の確率

$$P(1) = \frac{10!}{1!\,(10-1)!}\,0.1^{1}(1-0.1)^{10-1} = \frac{10!}{1 \times 9!} \times 0.1 \times (0.9)^{9}$$
$$= 10 \times 0.1 \times (0.9)^{9} = 0.3874 = 38.7\%$$

●解答②：不適合品が２個の確率

$$P(2) = \frac{10!}{2!\,(10-2)!}\,0.1^{2}(1-0.1)^{10-2} = \frac{10!}{2 \times 8!} \times 0.01 \times (0.9)^{8}$$
$$= \frac{10 \times 9}{2} \times 0.01 \times 0.430 = 0.1935 = 19.4\%$$

●解答③：10個とも良品の確率

$$P(0) = \frac{10!}{0!\,(10-0)!}\,0.1^{0}(1-0.1)^{10-0} = \frac{10!}{1 \times 10!} \times 1 \times (0.9)^{10}$$
$$= 1 \times 1 \times (0.9)^{10} = 0.3487 = 34.9\%$$

（2）二項分布の平均と分散

　正規分布に従う特性値は、平均値 μ、分散 σ^2 で表されました。二項分布でも同様に、不適合品数やサンプル不適合品率などの「平均値」や「分散」を計算することができます。以下はそれらの数式です。

■1. 不適合品数の平均 $E(x)$ と分散 $V(x)$

$E(x) = nP$

$V(x) = nP(1-P)$

■2. サンプル不適合品率の平均 $E(P)$ と分散 $V(P)$

$E(P) = P$

$V(P) = P(1-P)/n$

　ただし、P：ロットの不適合品率

10-5 ポアソン分布

次は「ポアソン分布」について説明するね。ポアソン分布も二項分布と同様に、一つ二つ…と数えられるデータ（計数値）における確率分布なんだ。

同じ計数値の確率分布なのに、種類があるってこと？
何が違うの？

「二項分布」が「1回の試行につき2通り（起きるor起きない）の結果が生じる事象の確率分布」だったのに対して、「ポアソン分布」は「一定の期間や範囲に平均 m 回起こる事象が、ある期間に x 回起きる確率の分布」なんだ。

一定の期間や範囲に平均 m 回起こる事象が、ある期間に x 回起きる確率の分布？？
もう何をいっているのかまったくイメージできないんですけど。
何か具体的な例はないの？

ポアソン分布に従うのは、たとえば、「一つの製品につくキズの数」や「1日の交通事故の発生数」、それに「1ヶ月間で機械が故障する回数」などがあるよ。
どれも期間や範囲が決まっている中で「何回（もしくは何個）の事象が発生するか」というケースだね。

　「ポアソン分布」とは、「ある一定の期間や範囲において、偶発的に発生する事象の数における確率分布」です。ある事象が一定の期間や範囲において平均 m 回起きると分かっているとき、その事象が x 回起きる確率は以下の式で計算できます。

$$P_x = \frac{m^x}{x!} e^{-m}$$

$$(m = nP)$$

ここでeは「ネイピア数」という定数です。ネイピア数は「円周率」と同様に$e = 2.718281\cdots$と無限に続く値です。簡易的に計算を行うときは$e = 2.718$として計算を行います。

ポアソン分布に従う事象の具体的な例には「一つの製品につくキズの数」や「1日の交通事故の発生数」、それに「1ヶ月間で機械が故障する回数」などがあります。ここではある設備における1日の停止回数について、例題を用いて確率を計算してみましょう。

■例題

ある加工機における1日の平均停止回数が2回（$m = 2$）であるとき、1ヶ月間（30日）で1日あたり4回停止する日数を求めよ。

●解答

公式から1日あたり4回停止する確率は、

$$P(4) = \frac{2^4}{4!} e^{-2} = \frac{16}{24} \times 2.718^{-2} = 0.090 = 9.0\%$$

よって、30日間では

$$0.090 \times 30 = 2.7（日）$$

となります。

第10章　演習問題

問題1

　次の文章において、□□□内に入る最も適切な記号を、選択肢からひとつ選べ。ただし、各選択肢を複数回用いることはない。なお必要に応じて図10.5の正規分布表（p.254）を使用すること。

①ある試験の得点分布は平均70点、標準偏差10点の正規分布に従っていた。このとき95点以上の人は全体の　(1)　％である。

②ある学校で身体測定を行った結果、男子生徒100名の身長は、平均170cm、標準偏差5cmの正規分布に従っていた。このとき身長180cm以下の人数は約　(2)　人と推定される。

③ ②において身長が低い方から5％の生徒は身長約　(3)　cm以下と推定される。

【選択肢】

ア. 159.4	イ. 161.8	ウ. 164.5	エ. 98	オ. 94
カ. 0.62	キ. 92	ク. 0.51	ケ. 158.3	コ. 1.24

解答欄

(1)	(2)	(3)

解答・解説

問題1

正解

(1)	(2)	(3)
カ	エ	イ

解説

①正規分布表から確率を計算する問題です。まずはかんたんな図を書き、どの部分の確率を求めるのかを確認します。

▼図10.13　求める確率①

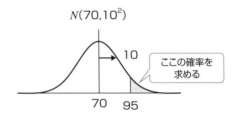

次は正規分布表を使うために「標準化」を行い、uの値を求めます。

$$u = \frac{x - \mu}{\sigma} = \frac{95 - 70}{10} = 2.50$$

正規分布表から$u = 2.50$のときのPの値を読み取ると、$P = 0.0062$です。

よって95点以上の人は(1) カ：0.62％となります。

②全男子生徒の数（100名）に、身長が180cm以下の生徒が存在する確率をかけると、求めたい人数が計算できます。①と同様に、まずはかんたんな図を書き、どの部分の確率を求めるのかを確認します。

▼図10.14　求める確率②

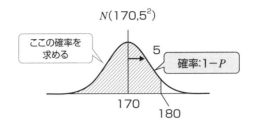

$N(170,5^2)$

ここの確率を求める

5

確率:$1-P$

170
180

次は正規分布表を使うために「標準化」を行い、uの値を求めます。

$$u = \frac{x-\mu}{\sigma} = \frac{180-170}{5} = 2.00$$

正規分布表から$u=2.00$のときのPの値を読み取ると$P=0.0228$です。
ここで求める確率は、正規分布の特徴「合計面積（＝確率）は1（100%）となる」
を利用すると$1-P = 1-0.0228 = 0.9772$となります。

　よって身長が180cm以下の人数は$100 \times 0.9772 = 97.72$（人）すなわち約
(2)エ：98人となります。

③低い方から5%の生徒の身長を推定するためには、①②とは逆に、確率$P=$
0.05からuを求める必要があります。確率Pからuを求めるには、p.254の「図
10.5 正規分布表」の下の方にある「Pからuを求める表」を使用します。

▼図10.15　Pからuを求める方法

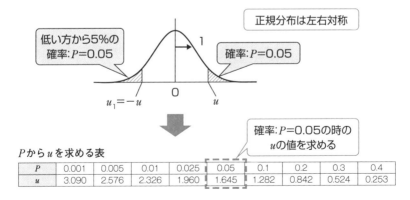

正規分布は左右対称

低い方から5%の
確率:$P=0.05$

1

確率:$P=0.05$

$u_1 = -u$　0　u

確率:$P=0.05$の時の
uの値を求める

Pからuを求める表

P	0.001	0.005	0.01	0.025	0.05	0.1	0.2	0.3	0.4
u	3.090	2.576	2.326	1.960	1.645	1.282	0.842	0.524	0.253

10

演習問題

　図10.5正規分布表の下の方にある「Pからuを求める表」から、$P=0.05$におけるuを求めると$u=1.645$です。

　ここで求めたいのは、低い方から5％の境界値であるu_1に対応した「標準化されていない」実データ（身長）のx_1なので、$u_1=-u=-1.645$に対するx_1を、標準化の式を変形して求めると、

$$u_1 = \frac{x_1 - \mu}{\sigma}$$

$$u_1\sigma = x_1 - \mu$$

$$x_1 = u_1\sigma + \mu = (-1.645) \times 5 + 170 = 161.78$$

　よって、身長が低い方から5％の生徒は身長約(3)イ：161.8cm以下と推定されます。

付録

QC検定3級過去12回分の問題を調査し、出題分野マトリックスを作成しました。出題傾向や頻出分野を確認するのに役立ててください。

出題分野マトリックス

分類	章番号	章タイトル	項目	問1	問2	問3	問4	問5	問6	問7	問8	問9	問10	問11	問12	問13	問14	問15	問16	問17	問18	問19
		開催回											第20回									
		問題番号		問1	問2	問3	問4	問5	問6	問7	問8	問9	問10	問11	問12	問13	問14	問15	問16	問17	問18	問19
			問題数	5	7	5	4	5	5	5	4	6	6	6	5	6	7	4	7	8	6	5
品質管理の実践	第2章	品質って何か考えてみよう！	品質の概念															●				
	第3章	管理の方法を学ぼう！	管理の方法													●						
	第4章	QC的ものの見方・考え方を知ろう！	QC的ものの見方・考え方											●								
	第5章	品質保証の仕組みを知ろう！	新製品開発																			
			プロセス保障															●		●		
	第6章	全員参加で品質経営をしよう！	方針管理												●							
			日常管理																●			
			小集団活動														●		●			
			標準化・人材育成・その他																			●
品質管理の手法	第7章	データの取り方・まとめ方を知ろう！	データの種類																			
			データの変換																			
			母集団とサンプル	●																		
			サンプリングと誤差																			
			基本統計量とグラフ		●																	
	第8章	QC七つ道具で数値データを解析しよう！	パレート図																			
			特性要因図					●														
			チェックシート						●													
			ヒストグラム							●												
			散布図								●											
			グラフ									●										
			層別																			
			管理図				●															
			工程能力指数			●																
			相関分析・相関係数																			
	第9章	新QC七つ道具で言語データを整理しよう！	親和図法																			
			連関図法																			
			系統図法										●									
			マトリックス図法										●									
			アローダイアグラム法										●									
			PDPC法																			
			マトリックス・データ解析法																			
	第10章	統計的方法の基礎を学ぼう！	正規分布																			
			二項分布																			

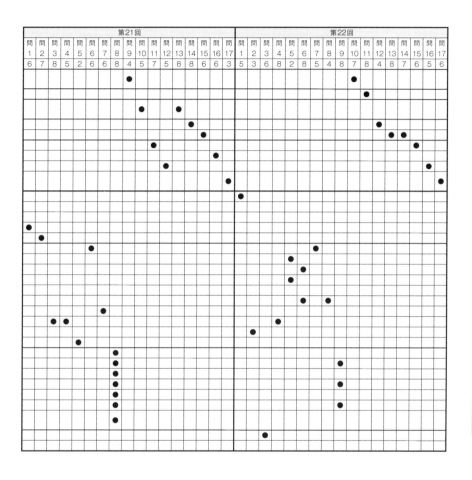

	章番号	章タイトル	問題	第23回 問1	問2	問3	問4	問5	問6	問7	問8	問9	問10	問11	問12	問13	問14	問15	問16	問1
			問題数	8	4	5	7	7	5	8	8	7	6	6	8	4	5	5	6	6
品質管理の実践	第2章	品質って何か考えてみよう！	品質の概念													●				
	第3章	管理の方法を学ぼう！	管理の方法										●							
	第4章	QC的ものの見方・考え方を知ろう！	QC的ものの見方・考え方									●								
	第5章	品質保証の仕組みを知ろう！	新製品開発											●						
			プロセス保障												●					
	第6章	全員参加で品質経営をしよう！	方針管理																●	
			日常管理														●			
			小集団活動																●	
			標準化・人材育成・その他															●		
品質管理の手法	第7章	データの取り方・まとめ方を知ろう！	データの種類																	
			データの変換																	
			母集団とサンプル																	
			サンプリングと誤差																	
			基本統計量とグラフ	●																●
	第8章	QC七つ道具で数値データを解析しよう！	パレート図																	
			特性要因図					●												
			チェックシート						●											
			ヒストグラム																	
			散布図								●									
			グラフ																	
			層別																	
			管理図					●												
			工程能力指数			●														
			相関分析・相関係数													●				
	第9章	新QC七つ道具で言語データを整理しよう！	親和図法								●									
			連関図法																	
			系統図法								●									
			マトリックス図法																	
			アローダイアグラム法																	
			PDPC法								●									
			マトリックス・データ解析法																	
	第10章	統計的方法の基礎を学ぼう！	正規分布			●														
			二項分布																	

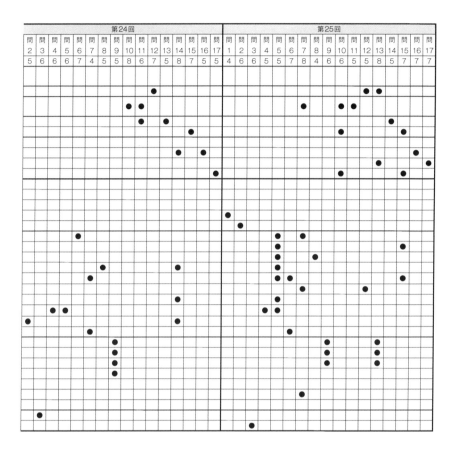

			開催回	第26回																	
			問題番号	問1	問2	問3	問4	問5	問6	問7	問8	問9	問10	問11	問12	問13	問14	問15	問16	問17	問1	問2
	章番号	章タイトル	問題数	6	6	5	4	8	8	7	6	5	5	8	4	5	6	8	4		6	4
品質管理の実践	第2章	品質って何か考えてみよう！	品質の概念										●									
	第3章	管理の方法を学ぼう！	管理の方法											●								
	第4章	QC的ものの見方・考え方を知ろう！	QC的ものの見方・考え方															●				
	第5章	品質保証の仕組みを知ろう！	新製品開発																			
			プロセス保障									●			●							
	第6章	全員参加で品質経営をしよう！	方針管理													●						
			日常管理														●					
			小集団活動																	●		
			標準化・人材育成・その他																●			
品質管理の手法	第7章	データの取り方・まとめ方を知ろう！	データの種類																			
			データの変換																			
			母集団とサンプル																			
			サンプリングと誤差																			
			基本統計量とグラフ	●																		
	第8章	QC七つ道具で数値データを解析しよう！	パレート図							●												
			特性要因図								●											
			チェックシート								●											
			ヒストグラム								●											
			散布図						●													
			グラフ					●														
			層別								●											
			管理図																			●
			工程能力指数			●																
			相関分析・相関係数							●												
	第9章	新QC七つ道具で言語データを整理しよう！	親和図法									●										
			連関図法									●										
			系統図法									●										
			マトリックス図法									●										
			アローダイアグラム法									●										
			PDPC法									●										
			マトリックス・データ解析法									●										
	第10章	統計的方法の基礎を学ぼう！	正規分布																		●	
			二項分布																			

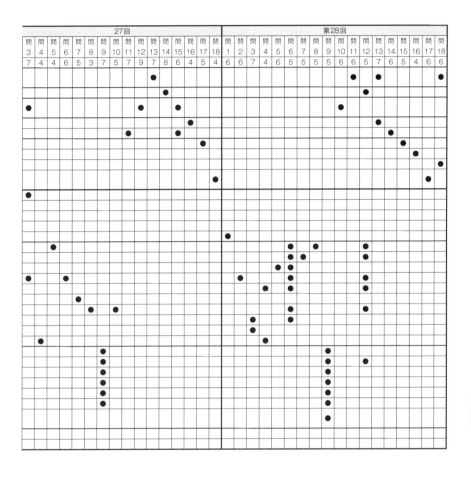

	27回																第28回																	
	問3	問4	問5	問6	問7	問8	問9	問10	問11	問12	問13	問14	問15	問16	問17	問18	問1	問2	問3	問4	問5	問6	問7	問8	問9	問10	問11	問12	問13	問14	問15	問16	問17	問18
	7	4	4	6	5	3	7	5	7	9	7	8	6	4	5	4	6	6	7	4	6	5	5	5	5	6	6	5	7	6	5	4	6	6
											●																	●		●				●
												●																		●				
	●									●			●													●								
													●														●			●				
										●		●																	●		●			
														●																		●		
																																	●	
																●													●					●
	●																																	
																	●																	
		●																				●		●					●					
																						●	●						●					
																				●		●							●					
	●					●												●				●							●					
				●																									●					
		●																					●						●					
																		●																
																		●				●												
	●																				●													
								●																			●							
																											●			●				
																											●							
																											●							
																											●							
																											●							
																											●	●						
																											●							
																											●							

275

区分	章番号	章タイトル	問題	第30回																			
			問題番号	問1	問2	問3	問4	問5	問6	問7	問8	問9	問10	問11	問12	問13	問14	問15	問16	問17	問18	問19	問20
	章番号	章タイトル	問題数	5	5	4	5	4	5	4	5	4	5	4	8	4	3	7	5	4	5	4	4
品質管理の実践	第2章	品質って何か考えてみよう！	品質の概念													●							
	第3章	管理の方法を学ぼう！	管理の方法														●	●					
	第4章	QC的ものの見方・考え方を知ろう！	QC的ものの見方・考え方											●	●								●
	第5章	品質保証の仕組みを知ろう！	新製品開発												●								
			プロセス保障																				
	第6章	全員参加で品質経営をしよう！	方針管理																●				●
			日常管理																	●			
			小集団活動																			●	
			標準化・人材育成・その他																		●		●
品質管理の手法	第7章	データの取り方・まとめ方を知ろう！	データの種類																				
			データの変換																				
			母集団とサンプル																				
			サンプリングと誤差																				
			基本統計量とグラフ	●																			
	第8章	QC七つ道具で数値データを解析しよう！	パレート図									●											
			特性要因図								●												
			チェックシート																				
			ヒストグラム							●													
			散布図																				
			グラフ													●							
			層別																				
			管理図						●					●									
			工程能力指数		●									●									
			相関分析・相関係数					●															
	第9章	新QC七つ道具で言語データを整理しよう！	親和図法										●										
			連関図法										●										
			系統図法										●										
			マトリックス図法										●										
			アローダイアグラム法										●										
			PDPC法										●										
			マトリックス・データ解析法										●										
	第10章	統計的方法の基礎を学ぼう！	正規分布			●																	
			二項分布				●																

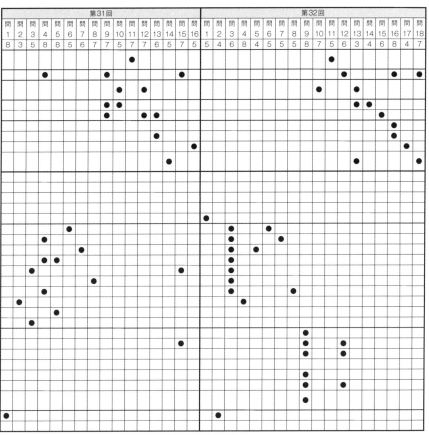

※第29回はコロナウィルス感染拡大のため中止。

付録

さくいん

す

せ

そ

た

ち

■参考文献

・「魅力的品質と当り前品質」狩野 紀昭,、瀬楽 信彦、高橋 文夫、辻 新一、日本品質管理学会会報「品質」1984年14巻2号p. 39-48
・「日本的品質管理は経営の1つの思想革命か?」石川 馨、日本品質管理学会会報「品質」1980年10巻4号p3-11中9ページ
・「品質管理検定教科書QC検定3級」仲野 彰、日本規格協会
・「品質管理検定レベル表」日本規格協会ホームページ
  https://webdesk.jsa.or.jp/common/W10K0500/index/qc/qc_level/
・「製造物責任法の概要Q&A」消費者庁ホームページ
  https://www.caa.go.jp/policies/policy/consumer_safety/other/pl_qa.html#q1
・『「働き方改革」の実現に向けて』厚生労働省ホームページ
  https://www.mhlw.go.jp/stf/seisakunitsuite/bunya/0000148322.html
・「QCサークル活動(小集団改善活動)とは」日本科学技術連盟ホームページ
  https://www.juse.or.jp/business/qc/
・「JISマーク」日本産業標準調査会ホームページ
  https://www.jisc.go.jp/newjis/newjismknews.html
・「RANDBETWEEN関数(Microsoftサポート)」日本マイクロソフト株式会社
  https://support.microsoft.com/ja-jp/office
  /randbetween-関数-4cc7f0d1-87dc-4eb7-987f-a469ab381685
・「令和2年度(2020年度)エネルギー需給実績」経済産業省
  https://www.enecho.meti.go.jp/statistics/total_energy/pdf/gaiyou2020fyr.pdf
・「MECEを活用するフレームワーク例」カオナビ
  https://www.kaonavi.jp/dictionary/mece/#MECE-10
・「薬ができるまで」日新製薬株式会社ホームページ
  https://www.yg-nissin.co.jp/customer/kusurigadekirumade.html
・JIS Z 8103:2019　　https://kikakurui.com/z8/Z8103-2019-01.html
・JIS Q 9000:2015　　https://kikakurui.com/q/Q9000-2015-01.html
・JIS Z 9020-2:2016　　https://kikakurui.com/z9/Z9020-2-2016-01.html

■使用ソフト

・統計解析業務パッケージ JUSE-StatWorks/V5　体験版
・統計解析ソフト：JMP17

■著者紹介

平本 きみのぶ

理系大学卒業。製造業メーカーに勤務する現役技術者。
入社後、生産技術者として工場に10年間勤務。勘コツで語る上司・先輩に苦しむ中、データで語るQC手法と出会い惚れ込む。現場でQCを実践しながらQC検定1級を取得。現在はQC手法を教育する講師として人材育成を5年間担当。自身の経験が誰かの役に立てばと思い、2019年からSQC（統計的品質管理）についてブログとSNSで情報発信を開始。
30代後半。好きな食べ物は納豆とコーヒー。

◆主な実績

・ブログ累計30.5万ページビュー（23年3月時点）
　SQC BLOG： https://no3good.com
・Twitter フォロワー数3,279名（23年4月時点）
　https://twitter.com/no3good
・製粉メーカーグループ企業様と講師契約

◆主な資格

日本規格協会　品質管理検定（QC検定）1級、日本ディープラーニング協会　E資格

◆著書

・製造業エンジニアのための「7倍速でコストも激減」無料の統計解析ソフトによる「実践！実験計画法」（電子書籍）
https://www.amazon.co.jp/dp/B0BS6XJTHM?ref_=cm_sw_r_cp_ud_dp_XR7815R728NVG7NP42V8

◆コミュニティ

・QC検定対策コミュニティ（要Facebookアカウント）
https://www.facebook.com/groups/1098861980493090/

◆SNS等

・Facebook　https://www.facebook.com/no3good/
・Instagram　https://www.instagram.com/hiramoto_kiminobu/
・ココナラ　https://coconala.com/users/1632042（QC検定個別指導あり）
・note　　　https://note.com/no3good

◆各サイトへのアクセスはこちらから

https://no3good.com/qctext-support/

QC検定3級の受検結果をご報告お願いします

QC検定3級を受検された後は、ぜひこちらから「受検結果の報告」をお願いいたします。
皆様にも第1章にて先輩の情報を活用していただいたように、皆様からいただいた情報が後学者の力になります。
ご協力をよろしくお願いいたします。

QC検定3級の受検結果報告はこちらへ↓
https://forms.gle/YpFZU4gKir9VjWkSA

カバーデザイン	●デザイン集合［ゼブラ］＋坂井 哲也
カバーイラスト	●SUNNY.FORMMART／向井 勝明
本文デザイン・DTP	●株式会社ウイリング
図版作成	●株式会社ウイリング
本文イラスト	●平井 きわ
アイコンデザイン	●和田 あゆ子
編集	●遠藤 利幸

QC検定3級　最短合格テキスト

2023年6月2日　初　版　第1刷発行

著　者　平本 きみのぶ

発行者　片岡　巌

発行所　株式会社技術評論社
　　　　東京都新宿区市谷左内町21-13
　　　　電話　03-3513-6150 販売促進部
　　　　　　　03-3513-6166 書籍編集部

印刷／製本　日経印刷株式会社

定価はカバーに表示してあります。

ISBN978-4-297-13474-7 C3034
Printed in Japan

■お問い合わせについて
　お問い合わせ・ご質問前にp.2に記載されている事項をご確認ください。
　本書に関するご質問は、FAXか書面でお願いします。電話での直接のお問い合わせにはお答えできませんので、あらかじめご了承ください。また、下記のWebサイトでも質問用のフォームを用意しておりますので、ご利用ください。
　ご質問の際には、書名と該当ページ、返信先を明記してください。e-mailをお使いになられる方は、メールアドレスの併記をお願いします。
　お送りいただいた質問は、場合によっては回答にお時間をいただくこともございます。なお、ご質問は本書に書いてあるもののみとさせていただきます。

■お問い合わせ先
〒162-0846
東京都新宿区市谷左内町21-13
株式会社技術評論社　書籍編集部
「QC検定3級 最短合格テキスト」係
FAX：03-3513-6183
Web：https://gihyo.jp/book